UTB 2676

**Eine Arbeitsgemeinschaft der Verlage**


Beltz Verlag Weinheim · Basel
Böhlau Verlag Köln · Weimar · Wien
Wilhelm Fink Verlag München
A. Francke Verlag Tübingen und Basel
Haupt Verlag Bern · Stuttgart · Wien
Lucius & Lucius Verlagsgesellschaft Stuttgart
Mohr Siebeck Tübingen
C. F. Müller Verlag Heidelberg
Ernst Reinhardt Verlag München und Basel
Ferdinand Schöningh Verlag Paderborn · München · Wien · Zürich
Eugen Ulmer Verlag Stuttgart
UVK Verlagsgesellschaft Konstanz
Vandenhoeck & Ruprecht Göttingen
vdf Hochschulverlag AG an der ETH Zürich
Verlag Barbara Budrich Opladen · Farmington Hills
Verlag Recht und Wirtschaft Frankfurt am Main
WUV Facultas Wien

Drei außergewöhnliche Jungfrauen in verschiedener Kleidung stehen hier auf einem Mädchen, das ihnen als Postament dient. [...] Diese [Grammatik] nämlich ist die Grundlage [jeder] gründlichen Arbeit, und wer in der Grammatik unerfahren ist, wird nichts Dauerndes leisten. Man mag die Geschichte mit einem geflügelten Hund, den Rhetor mit einer Chimäre, die Logik mit einer Sphinx, diese Jungfrau aber mit einer festen Säule vergleichen.

*Joannes Sambucus, Emblemata (1566)*

Oliver Jungen / Horst Lohnstein

# Einführung in die Grammatiktheorie

Wilhelm Fink Verlag

München

Horst Lohnstein: Studium der Germanistik, Mathematik, Philosophie und Allgemeinen Sprachwissenschaft. Professor für germanistische Linguistik an der Universität zu Köln. Veröffentlichungen u.a.: *Formale Semantik und natürliche Sprache* (1996), *Satzmodus – kompositionell. Zur Parametrisierung der Modusphrase im Deutschen* (2000).

Oliver Jungen: Studium der Germanistik, Mittleren und Neueren Geschichte, Philosophie in Köln und London. Assoziierter am Forschungskolleg „Medien und kulturelle Kommunikation" Köln, Arbeit an einer Promotion über „Ätherstimmen und Radiowahn". Seit 2000 (freier) Mitarbeiter der FAZ. Veröffentlichungen u.a.: *Döblin, die Stadt und das Licht* (2001), *Einführung in die Stilistik* (mit Karl-Heinz Göttert) (2004, UTB 2576).

**Bibliographische Information der Deutschen Nationalbibliothek**

Die Deutsche Nationalbibliothek verzeichnet diese Publikation in der Deutschen Nationalbibliographie; detaillierte bibliographische Daten sind im Internet über http://dnb.d-nb.de abrufbar.

Gedruckt auf umweltfreundlichem, chlorfrei gebleichtem
und alterungsbeständigem Papier ♾ ISO 9706


(Jühenplatz 1, D-33098 Paderborn)
Internet: www.fink.de

ISBN 3-7705-3961-3



Printed in Germany
Satz: Rhema – Tim Doherty, Münster
Herstellung: Ferdinand Schöningh, Paderborn
Einbandgestaltung: Atelier Reichert, Stuttgart

**UTB-Bestellnummer:: ISBN 3-8252-2676-X**

# Inhalt

# Vorwort

Die vorliegende Einführung in die Grammatiktheorie richtet sich in erster Linie an Studierende in den Philologien und der Sprachwissenschaft. Es handelt sich dabei um die Auskoppelung des seminarrelevanten Stoffes aus einer breiter angelegten Darstellung der Grammatiktheorie, die demnächst im Wilhelm Fink Verlag erscheinen wird. Was hier in zwei kurzen Kapiteln begegnet, dreitausend Jahre Grammatiktheorie, findet sich dort ausführlich behandelt. Auch mussten in der gegenwärtigen Einführung selbst manche modernen Theorien (wie die Montague-Grammatik) im Sinne der Textökonomie weitgehend ausgespart werden. Die Konzentration auf die wichtigsten grammatiktheoretischen Konzepte der Moderne (nebst historischer Hinführung) ermöglicht indes eine auf das Studium abgestimmte Einarbeitung in dieses hochinteressante Wissensgebiet, das als Herzstück der Sprachwissenschaften gelten darf. Die Einführung kann sowohl zur Vervollständigung des grammatiktheoretischen Grundwissens wie zur gezielten Prüfungsvorbereitung verwendet werden. Merksätze am Ende der Kapitel dienen der Rekapitulation wie der Memorierbarkeit des Verhandelten.

Es wird im Folgenden kein spezielles Grundwissen vorausgesetzt. Die modernen Theorien operieren allerdings oft mit hochabstraktem Vokabular. Mögen manche Grafiken und Terminologien von abschreckender Wirkung auf den Neuling sein, so ist es hier allein um eine Darstellung der zentralen Anliegen der einzelnen Theorien zu tun. Schon die Vielzahl der Konzepte macht eine erschöpfende Entfaltung unmöglich. Die argumentativen Hauptlinien lassen sich jedoch, wie wir glauben, auch ohne höhere Mathematik- und Logikkenntnisse vermitteln. Das Literaturverzeichnis enthält Hinweise zur Vertiefung der einzelnen Thematiken.

Wir möchten unseren Korrekturleserinnen Martina Hille, Sonja Müller, Susanne Schmetkamp und Hildegard Stommel für das Lektorieren und die Anregungen zu mehr Klarheit danken. Diethard Sawicki, dem zuständigen Lektor, gilt unser Dank für produktive *enérgeia* und mystische *gelazenheit* gleichermaßen. Überhaupt möglich gemacht hat den grammatischen Doppelschlag Raimar Zons, der Leiter des Wilhelm Fink Verlages. Für verbliebene Fehler sind – wie immer – die Autoren selbst verantwortlich.

# Einleitung 1

Grammatikbegriff und seine historische Wandelbarkeit – Normative und Deskriptive Grammatik – Morphologische Grammatik (Laut, Wort, Satz) – Grammatische Kategorien – Wortarten-Systematik(en) – Geschichtlicher Kurzüberblick der Grammatiktheorie von der Antike über den Strukturalismus, die Verbindung von Montague-Grammatik und Generativer Grammatik bis zu zeitgenössischen Grammatikkonzepten

## Bedeutung der Grammatiktheorie 1.1

Der Begriff Grammatik bezieht sich im alltäglichen Verständnis gleichermaßen auf das formale Regelsystem einer Sprache wie auf jene Systematiken (in Buchform), die seiner Erfassung dienen. Beides stellt den präskriptiven Aspekt in den Vordergrund. Grammatik scheint demnach ein Gesetzeswerk zu sein, das die Sprachverwendung regelt, ganz so, wie die Straßenverkehrsordnung den Verkehr. Angemessener jedoch ist es, unter Grammatik ein speziesspezifisches Kenntnissystem zu verstehen, das auf natürliche Art erworben wird. Seine abstrakte Struktur und Organisationsform zu beschreiben, ist Aufgabe der Sprachwissenschaft. Besonders die generative Grammatik geht von einem intuitiven Wissen kompetenter Sprecher aus, das sich als internalisiertes Grammatiksystem durch empirische Forschung beschreiben lässt. Diese *mentale Grammatik* ist mit dem *mentalen Lexikon* verbunden, das den Wortschatz einer Sprache enthält. Während die Eigenschaften der Lexikoneinheiten nicht durch Regeln abgeleitet und daher Element für Element gelernt werden müssen, besteht das grammatische System aus Regeln und Prinzipien, die festlegen, in welcher Weise die Lexikoneinheiten zu komplexeren Syntagmen (also zu größeren Einheiten, in erster Linie zu Sätzen) kombiniert werden können.

*Definition*

*Systemcharakter*

Etymologisch geht die Bezeichnung Grammatik auf das altgriechische Wort *grámma(ta)* zurück, das *Buchstaben* oder *Schrift* bedeutet. Mit *grammatiké (téchne)* bezeichnete man die Kenntnis der Schrift. Lange Zeit hatte die Grammatik ihren systematischen Ort an der Seite der Rhetorik. Die Redekunst fühlte sich

*Bezeichnung*

(zumindest partiell: im Bereich der Stilistik) auch für die Sprachrichtigkeit zuständig, während die antike Grammatik zugleich eine stilistische Komponente sowie die Auslegung literarischer Texte (Philologie) beinhaltete. Zu dieser Zeit weist der Terminus Grammatik seine breiteste Bedeutung auf: Er bezeichnet den gesamten Bereich der Sprachkünste und Sprachwissenschaften. In der Spätantike und im europäischen Mittelalter kommt es zu einer Verengung auf die Bedeutung des Regelkompendiums: Grammatik ist nur noch eine der drei sprachlichen Künste. Mehr oder weniger gleichrangig steht sie neben Rhetorik und Dialektik, auch wenn sie nun viele Anleihen bei der Logik (Dialektik) macht.

*Normative Grammatik*

Grammatik hat es mit Fragen der Sprachrichtigkeit und der Sprachfähigkeit zu tun. Die Leitunterscheidung im Bereich der Grammatiktheorie hängt eng mit der Motivation ihrer jeweiligen Ausarbeitung zusammen: Soll eine Sprache mittels der entworfenen Grammatik geregelt, also normiert werden, handelt es sich um eine so genannte *normative Grammatik* (auch *präskriptive Grammatik* genannt). Regelwerke dieser Art, die seit der Antike gebräuchlich sind, werden vor allem im Sprachunterricht herangezogen. Im großen Stil entstanden sie im 17. und 18. Jahrhundert, als es galt, die nationalen Hochsprachen zu definieren. Bis heute erfüllen didaktische Grammatiken durchaus ihren Zweck. Die Dudengrammatik ist hierzulande das markanteste Beispiel, wenn auch bereits so moderat, dass sie den gewachsenen Status der Sprache berücksichtigt. Vormals hat man sogar vermeintliche Fehlentwicklungen im Sinne des Systems rückgängig zu machen versucht.

*Wissenschaftliche Grammatik*

Die wissenschaftlichen Grammatiken gehen einen anderen Weg. Sie versuchen, die Prinzipien der sprachlichen Strukturbildung und die dabei verwendeten Einheiten zu beschreiben und ihre Eigenschaften sichtbar zu machen. Daher nennt man sie *deskriptive Grammatiken.*

*Ausdifferenzierungen*

Weitere Unterscheidungen im Bereich der Grammatik sind gängig und sollen hier kurz genannt werden: Der *universalen Grammatik* steht in manchen Darstellungen eine *partikulare Grammatik* gegenüber, womit die Grammatik einer Einzelsprache gemeint ist. Die Grammatiksysteme von Einzelsprachen sind dabei stets als Parametrisierungen (Spezialisierungen) der Universalgrammatik zu sehen. Deskriptive Grammatiken können ferner *synchronisch* oder *diachronisch* vorgehen, also das Funktionieren der Sprache zu einem bestimmten Zeitpunkt untersuchen oder die Entwicklung im zeitlichen Verlauf. Weitere Subunterscheidungen wie *Korpusgrammatik* (gesamtes Regelsystem einer Sprache) versus *Kompetenzgrammatik* (Kompetenz eines Sprechers) sind möglich, werden jedoch seltener verwendet. Auch führen verschiedene Sprachauffassungen zu besonderen Grammatikmodellen, die ihren Namen oft in Bezug auf ein charakteristisches Merkmal der Theorie erhalten. Eine Auswahl sei hier angedeutet: *Dependenzgrammatik, Valenzgrammatik, Funktionale Grammatik, Textgrammatik, Kasusgrammatik* oder auch die schon genannte *Generative Transformationsgrammatik*.

## Elemente der Grammatiktheorie 1.2

*Methode*

Der Gesamtkomplex *Grammatik* ist vielfach unterteilbar. Heute steht an erster Stelle eine methodische Entscheidung. Die Binnengliederung des grammatischen Feldes hängt ab von den Prämissen, unter denen man sich dem Gegenstand Sprache nähert. Vertreter einer formalen Linguistik stehen Vertretern einer funktionalen Linguistik gegenüber, wobei häufig übersehen wird, dass sich beide Ansätze zu einer integrativen Theorie verbinden könnten.

*Formanalyse*

Von der Antike bis zur Herausbildung der Sprachwissenschaft im 19. Jahrhundert schien allerdings die Methode so wenig in Frage zu stehen wie der Gegenstand: Grammatik bezog sich scheinbar natürlich auf den Formenbau der Sprache(n). Auch die richtige Aussprache sowie stilistische Fähigkeiten gehörten zum Bereich der Grammatik, standen aber nicht im Vordergrund. Wird Grammatik als Formanalyse verstanden, so ergibt sich die weitere Gliederung von alleine. Die Grammatik operiert formanalytisch auf drei Ebenen, derjenigen des Lauts, derjenigen des Worts und derjenigen des Satzes. Die drei Ebenen unterscheiden sich durch zunehmende Komplexität in der Strukturbildung. Am unteren Ende der Skala steht mit den Lauten das Phoneminventar einer Sprache. In der vorneuzeitlichen Grammatik beinhaltete die Phonembetrachtung häufig eine Intonationslehre. Die Worte, der Gegenstand der zweiten Ebene, sind zusammengesetzt aus Elementen der ersten Ebene, aus Lauten oder Buchstaben. Die Wort-Grammatik kennt zwei Untersuchungsfelder: die Wortarten-Systematik und die Wortbildung. Die dritte und noch einmal übergeordnete Ebene ist schließlich die des Satzes. Den drei Bereichen Laut, Wort und Satz entsprechen die linguistischen Teildisziplinen *Phonetik* bzw. *Phonologie* (je nachdem, ob man die

*Laute, Worte, Sätze*

physische oder die systematische Komponente bei der Lautbildung untersucht), *Morphologie*, also die auf die Wörter bezogene Formenlehre, und *Syntax*, also Satzbau.

Trotz der linguistischen Ausdifferenzierung dienen die drei Bereiche Laut, Wort und Satz in der Regel noch heute der Strukturierung von Grammatiken. Doch ihre interne Gewichtung hat sich verschoben. Lautlehre und Orthographie, besonders in der Antike von eminenter Bedeutung, werden allenfalls einleitend abgehandelt oder fehlen ganz. Peter Eisenbergs umfassende Einführung in die Grammatik des Deutschen beispielsweise besteht aus den zwei Einzelbänden *Das Wort* und *Der Satz*. Damit geht die zweite Abweichung gegenüber der antiken Tradition (und ihrer Fortwirkung durch das Mittelalter hindurch) einher. Gegenwärtige Grammatiken räumen der Syntax, die in der Antike ein Randphänomen geblieben war, zentralen Stellenwert ein. Das antike Desinteresse mag überraschen, da die Sprachbetrachtung (bei Platon und Aristoteles) immerhin satzanalytisch begonnen hatte. Die Überlegungen Platons und seines Schülers standen jedoch unter philosophisch-logischer Prämisse: Was die beiden Philosophen eigentlich interessierte, waren nicht die Sätze als solche, sondern Schlüsse und Aussagen, die aber nun einmal in Satzform geäußert wurden. Die Unterscheidung von Nomen und Verb – und damit der Beginn der abendländischen Grammatiktheorie – geht auf solche philosophischen Fragestellungen zurück. Ein Vorstoß der Stoiker in Richtung Syntax und Semantik wurde von der Tradition nur verspätet und halbherzig aufgenommen. Grammatik also hieß für Jahrhunderte beinahe ausschließlich Klassifikation von Wortarten sowie Systematisierung von morphologischen Veränderungen. Für die Klassifikation standen drei Schemata zu Verfügung: Derivation (Ableitung: *schön* ⟶ *Schönheit*), Komposition (Zusammensetzung: *Küche, Tisch* ⟶ *Küchentisch*) und Flexion (Beugung des Wortstamms durch Deklination bei Nomen, Konjugation bei Verben, Komparation bei Adjektiven). Heute wird in formaler Hinsicht die Strukturbildung stärker gewichtet als die Klassifikation der Einheiten.

*Aussprache und Rechtschreibung*

*Syntax*

*Logische Wurzeln*

*Textgrammatik*

In den siebziger Jahren machte man nach Vorarbeiten durch die Strukturalisten Louis Hjelmslev und Zellig S. Harris die Entdeckung, dass es noch eine weitere, vierte Ebene der Grammatik zu unterscheiden gilt: den Text. Die zugehörige *Textgrammatik* versteht den Text – so zumindest nach einem frühen Modell – als ununterbrochen pronominal verkettete Satzfolge. Später spielte die Kohärenz eine wichtige Rolle.

**Definition**

Unter *Kohärenz* versteht man den inhaltlichen Sinnzusammenhang einer Texteinheit (vor allem durch mehrfache Bezugnahme auf dieselben Objekte). Bezieht sich dieser nur auf den Satz oder angrenzende Äußerungen, spricht man von *lokaler Kohärenz*. Der Sinnzusammenhang eines ganzen Textes wird als *globale Kohärenz* bezeichnet.

Allerdings hatten bereits die antiken Grammatiker den engen Bezirk der Grammatik überschritten und die Stilistik integriert. Dabei argumentierte man oft auf dem Feld des Textes, zumindest wenn Satzfiguren (zum Beispiel parallel gebaute Konstruktionen etc.) betrachtet wurden. Aber diese letzte Ausweitung war schon in der Antike strukturell so stark von den drei basalen Ebenen verschieden, dass die Kapitel zur Stilistik eine für sich stehende Einheit bildeten und schließlich getrennt tradiert wurden. Auch die moderne Textgrammatik konnte sich nicht etablieren, dies aber aus inhaltlichen Gründen. Der zentrale Einwand lautet, dass ein widersprüchlicher oder gar unverständlicher Text kann sehr wohl grammatisch (korrekt) sein kann.

*Kategorien*

Einer der wichtigsten Ordnungsbegriffe in der Grammatiktheorie ist jener der *Kategorie*. Der Begriff stammt aus der aristotelischen Erkenntnistheorie. Aristoteles unterscheidet Gattungen des Seienden (Ontologie) und Gattungen der Aussagen über das Seiende (Logik). Das ließ sich gut auf die Grammatik übertragen, weil von Beginn an eine grammatische Komponente involviert war. Kategorien nämlich sind bei Aristoteles Prädikationstypen: Der besonders ausgezeichneten *Substanz* kommen alle anderen Kategorien (wie *Qualität, Zeit* etc.) als *Akzidentien* zu, auch wenn die aristotelische Kategorienlehre im Einzelnen schwerer zu erfassen ist, als es zunächst den Eindruck hat. Immanuel Kant hat im 18. Jahrhundert die aristotelischen Kategorien grundlegend neu gefasst, nämlich dauerhaft von der Ontologie abgerückt und zu reinen Verstandesbegriffen (apriorischen Erkenntnismöglichkeiten) umdefiniert. Die grammatischen Kategorien blieben – bis auf einige Versuche in der Allgemeinen Grammatik – davon unberührt. In ihnen (und ihren Namen, etwa *Subjekt* und *Prädikat*) hat sich eine Spur der antiken Logik und Erkenntnistheorie erhalten.

*Substanz und Akzidens*

*Grammatische Kategorien*

Grammatische Kategorien wie Kasus, Tempus, Genus etc. dienen der Strukturierung des grammatischen Feldes. Sie sind abstrahierende Oberbegriffe für linguistische Einheiten. Da sie eine generalisierende Funktion erfüllen, haben sich verschiedene Verwendungsweisen des Begriffs *Kategorie* herausgebildet. Am häufigsten sind damit morphologische Kategorien gemeint. Diese bestehen in den Wortarten selbst oder in ihren grammatischen Aspekten. Zu dieser Abstraktionsklasse gehören also Nomen, Verb, etc. und die näheren Bestimmungen Genus (grammatisches Geschlecht), Kasus (Fall), Numerus (Zahl) beim Nomen, dieselben plus Gradation (Steigerung) beim Adjektiv sowie Tempus (Zeit), Modus (Aussageweise), Person, Numerus, Genus Verbi (Handlungsform: aktiv oder passiv), Aktionsart (die interne zeitliche Struktur betreffend) und Aspekt (ebenfalls die interne zeitliche Struktur betreffend, aber in der Morphologie grammatikalisiert, vor allem im Englischen und Slawischen ausgebaut) beim Verb. Auch diese Bestimmungen bilden wieder Oberbegriffe für verschiedene, einander ausschließende Ausprägungen (beim Tempus z. B.: Präsens, Präteritum, etc.), von denen nur je eine realisiert werden kann.

*Syntaktische Kategorien*

Nähert man sich der Grammatik von der Satzperspektive her, ist auch der Kategoriebegriff ein partiell anderer. Unter den syntaktischen Kategorien versteht man hier Einheiten mit gleichen morpho-syntaktischen Eigenschaften. Das sind zum einen *lexikalische Kategorien*, hier tauchen Nomen, Verb, Adjektiv etc. wieder auf, aber auch *phrasale Kategorien*. Diese zweite Form besteht aus so genannten Konstituentenklassen (sprachliche Einheiten), die die lexikalischen Kategorien (welche den *Kopf* bilden) umgeben: *Nominalphrase, Verbalphrase* etc. Es handelt sich um ein Baukastenprinzip: Verbal- und Nominalphrasen können wieder zu größeren Einheiten, eben zu Sätzen, verbunden werden.

*Semantische Kategorien*

Von den lexikalischen und syntaktischen sind drittens *formallogisch-semantische Kategorien* zu unterscheiden. Damit bezeichnet man Grundkategorien der Logik, also Sätze, Terme (Nominalausdrücke) und Prädikate (Verbalausdrücke), auf die grammatische Kategorien zurückgeführt werden können.

Die zentrale Bedeutung des Einzelworts in der antiken und der ‚Alten' Grammatik, also vom 4. Jahrhundert v. Chr. bis ins 19. Jahrhundert hinein, rührt nicht zuletzt daher, dass man in ihm einen adäquaten Spiegel der Wirklichkeit sah. Auch die Umwelt wurde schließlich begriffen als Ansammlung von Einzelgegenständen.

*Wirklichkeitsbegriff*

Die Abkehr vom morphologischen Paradigma hatte daher auch mit der Veränderung des Wirklichkeitsbegriffs zu tun. Als gleichsam naturgegeben und ursprünglich galt die Art des Wortes (griechisch: *mérē tou lógou*, lateinisch: *pars orationis*).

In der traditionellen Grammatik sprach man meist von *partes orationis,* also *Redeteilen.* Dies klingt zwar bereits nach Satzteil oder gar Textteil, gemeint war aber lediglich (wie im Englischen mit *parts of speech* noch heute) die Abgrenzung von Wortklassen durch regelmäßige Form- und Bedeutungsmerkmale. Die *partes orationis* entsprechen mithin – wenn auch nicht ganz deckungsgleich – unseren Wortarten. Die von Nomen und Verb ausgehende Liste (bei Platon) wurde nach und nach erweitert. Hatte Aristoteles die „Konjunktionen" hinzugefügt, unflektierte Bindewörter aller Art, so unterschieden spätestens die Stoiker noch den Artikel. Beginnend mit dem griechischen Grammatiker Dionysios Thrax (2. Jh. v. Chr.) hat sich für lange Zeit die Achtzahl der Wortarten/ Redeteile gehalten.

*Wortarten*

Wortarten bei Dionysios Thrax,
*téchnē grammatikē* (2. Jh. v. Chr.)

1. Nomen (inklusive Adjektive)
2. Verb
3. Partizip
4. Artikel
5. Pronomen
6. Präposition
7. Adverb
8. Konjunktion

Der im Lateinischen als solcher nicht vorhandene Artikel fiel in den (meisten) römischen Grammatiken fort. Die Achtzahl blieb gewahrt, indem nun der neu entdeckte Ausruf, die Interjektion, hinzutrat. Im Deutschen übernahm man in der Renaissance zunächst die römische Gliederung, bemerkte dann jedoch, dass die griechische besser zutraf.

*Acht partes orationis*

Erst im 18. Jahrhundert wagte man es, die formale Definitionsebene zu durchbrechen und auch inhaltliche Argumente für die Wortartenbestimmung heranzuziehen. Nun wurden, oft mithilfe der von Immanuel Kant neu geordneten Kategorien, inhaltsbezogene Gruppen von Wörtern zusammengestellt, wobei sich unter dieser Oberfläche doch die altbekannten Wortarten wiederfinden. Johann Christoph Gottsched etwa unterscheidet *Sein* (Benennungen: Artikel, Nomen), *Werden* (Tun und Leiden: Verb, Partizip) und *Relation* (Bestimmungen: Adverb, Präposition, Konjunktion, Interjektion). Andere Grammatiker des 18. Jahr-

*Neue Klassifikationen*

hunderts wie Carl Friedrich Aichinger legen ihrer Klassifikation die aristotelische Logik (einer Substanz wird ein Akzidens zugeschrieben) zugrunde: Substantive und Verben stellen hier die „Haubttheile" dar, alle übrigen Wortformen lediglich „Nebentheile".

Es war Johann Christoph Adelung, der um 1780 im Rückgriff auf Johann Werner Meiner die bis heute gültige Einteilung der Wortarten im Deutschen festlegte. In der Verbindung von formalen und funktionalen Argumenten entsteht das bekannte Zehnerschema.

Wortarten bei Johann Christoph Adelung,
*Umständliches Lehrgebäude der Deutschen Sprache* (1782)

1. Artikel
2. Substantiv
3. Pronomen
4. Adjektiv
5. Numerale
6. Verb
7. Adverb
8. Präposition
9. Konjunktion
10. Interjektion

*Interjektionen*

Die Interjektionen bilden dennoch eine Sonderklasse, sie werden als Kategorie der Empfindung definiert, die den rationalen Kategorien entgegensteht. Die Zurücknahme des Partizips als eigene Wortart löste auf einen Schlag viele Probleme. Adelung hatte eingesehen, dass das Partizip formal mit Adjektiven oder Adverbien übereinstimmte.

*Konrad Duden*

In grammatischen Zweifelsfragen wendet man sich im deutschen Sprachraum heute oft an eine semi-offizielle Grammatik, die bei allem präskriptiven Auftreten natürlich auch den jeweils herrschenden Paradigmen der Forschung ausgesetzt ist. Der Gymnasiallehrer Konrad Duden hatte Friedrich Bauers *Grundzüge der neuhochdeutschen Grammatik* (1850) neu bearbeitet und von der 18. (1881) bis zur 27. Auflage (1912) herausgegeben. Nach Dudens Tod im Jahre 1911 machte sich das Leipziger Bibliographische Institut die Fortführung seines Lebenswerks zur Aufgabe. Zunächst erschienen in diesem Rahmen der *Rechtschreibe-Duden*, der *Stil-Duden* und der *Bilder-Duden*. Im Jahre 1935 veröffentlichte die Dudenredaktion die erste *Duden-Grammatik*, bearbeitet von Otto Basler. Die Notwendigkeit einer grundsätzlichen Neubearbeitung, aber auch die Teilung des Unternehmens in einen Mannheimer und einen Leipziger Duden führte nach dem Zweiten Weltkrieg zu einem Neustart des Grammatikprojekts.

*Grammatik-Duden*

Die erste Auflage des gegenwärtigen *Grammatik-Dudens* wurde 1959 in Mannheim publiziert. Der Bearbeiter der ersten, zweiten (1966) und dritten (1973) Auflage war Paul Grebe, der in der Tradition der inhaltsbezogenen Grammatik stand. Unter der Ägide von Grebe führte der Duden die zehn Wortarten Adelungs auf, allerdings in veränderter Reihenfolge. Das Verb stand hier (und tut es bis heute) an erster Stelle. Der Grund war seine satzstrukturierende Funktion. Als „Hauptwortarten" wurden Verb, Substantiv und Adjektiv verstanden, weil sie – unter Berufung auf Humboldt – „am stärksten dazu beitragen, ‚die Welt in das Eigentum des Geistes umzuschaffen' ". Die Nebenwortarten sind wieder zu Gruppen zusammengefasst, „Die Begleiter und Stellvertreter des Substantivs" (Artikel, Pronomen, Zahlwörter) und die „Partikeln" (Adverbien, Präpositionen, Konjunktionen) sowie die allein stehende Interjektion. Hier ist Adelungs einheitliches Konzept also verlassen. Von der dritten Auflage an ist das Numerale nicht mehr als eigene Wortart angeführt, sondern (aus morphologischen Gründen) auf Substantiv, Adjektiv und Adverb verteilt. Die 4. Auflage (1984) hatte einen neuen Bearbei-

*Haupt- und Nebenwortarten*

Wortarten nach dem „*Duden*",
*Grammatik der deutschen Gegenwartssprache*, ([6]1998)

**„Die Flektierbaren"**

1. Verb
2. Substantiv
3. Adjektiv
4. Artikel
5. Pronomen

**„Die Unflektierbaren"**

6. Adverb
7. Partikel
8. Präposition
9. Konjunktion

*Flektierbare und Unflektierbare*

ter, die schulgrammatische Einteilung aber blieb dieselbe. Für die 5. Auflage (1995) – beibehalten in der sechsten Auflage (1998) – hat die Dudenredaktion die Wortarten völlig neu gruppieren lassen.

Die Einteilung in Haupt- und Nebenwortarten wurde aufgegeben. Die beiden Oberkategorien lauten nun „Die Flektierbaren" und „Die Unflektierbaren". Damit ist man zum morphologischen Einteilungsgrund von Dionysius Thrax zurückgekehrt. Eine der wichtigsten Veränderungen betrifft die Umdefinierung der Partikeln von einer sehr weiten zu einer engen Sammelbezeichnung. Die fünf Teilklassen der neu gefassten Partikeln sind inhaltlich bestimmt: Gradpartikeln (z. B. *ziemlich*), Fokuspartikeln (z. B. *besonders*), Modalpartikeln (z. B. *etwa*), Gesprächspartikeln (z. B. *Hm, Doch, Au*) und Negationspartikeln (z. B. *nicht*). Die ehemals hochgeschätzte Interjektion bildet also nun – was ihrer Stellung eher gerecht wird – eine Teilklasse der Teilklasse der Partikeln. Es darf allerdings bezweifelt werden, ob die im Kern antike Wortartenlehre in systematischer Hinsicht überhaupt sinnvoll ist. Betrachtet man einmal die ‚Restekategorie' Adverb, die äußerst verschiedene, sonst aber nirgends unterzubringende Formen umfasst, so bekommt man eine erste Vorstellung von der Willkürlichkeit der Einteilung, die uns so wohlvertraut erscheint.

*Partikeln*

*Adverb*

## 1.3 Entwicklung der Grammatiktheorie

Lange stand in der Geschichte der Grammatiktheorie die Anwendung im Vordergrund. Sie war die eigentliche Legitimation der theoretischen Bemühungen. Die gesamte antike Grammatik, die *Ars grammatica*, war praxisorientiert. Trotz dieser präskriptiven Prämisse wurden in der Frühzeit der Grammatiktheorie die zentralen kategorialen und terminologischen Grundlagen erarbeitet. Eingebettet in den Logikdiskurs lässt sich erstmals im Spätmittelalter so etwas wie eine allgemeine Sprachwissenschaft erkennen. Voraussetzung ist die deutliche Trennung zwischen der semantischen und der grammatischen Wortbedeutung: Worte konnten nun als formale Kategorien oder als Bezeichnungen für etwas angesprochen werden. Daraus ging noch im Mittelalter, vor allem aber in der Frühen Neuzeit die Idee einer universalen, für alle Sprachen gleichen Grammatik hervor, die sich lediglich verschieden ‚materialisiere'. Doch der Weg in die Moderne führte über viele Stufen. Der Humanismus etwa stellte in theoretischer

*Ars grammatica*

*Universalgedanke*

Hinsicht einen Rückschritt dar, weil er sich unter lautstarker Ablehnung der mittelalterlichen Einsichten (die freilich mit dem religiös motivierten Weltbild der Scholastik einhergingen) auf die antiken Quellen zurückbesann. Der Formalismus wurde von den Humanisten zugunsten einer eher semantisch geprägten Auffassung von Grammatik zurückgewiesen. Im späten 17. Jahrhundert brach die Hochphase der *Universalgrammatik* an. Diese *Allgemeine Grammatik*, wie sie im Deutschen auch genannt wird, beherrschte das gesamte 18. Jahrhundert.

*Geschichte und Vergleich*

Im 19. Jahrhundert rückten zwei Merkmale in den Vordergrund: die Historie (die Entwicklung der Einzelsprachen) und der Vergleich (verschiedener Einzelsprachen in grammatischer Hinsicht). Allerdings bescherte das positivistische Vorgehen eine Datenflut ohne Struktur (Atomismus). Doch auch wenn die *Historische Grammatik* das Augenmerk zu einseitig auf die Entwicklungsperspektive legte und die Suche nach einzelnen Lautgesetzen spätestens bei den *Junggrammatikern* am Ende des 19. Jahrhunderts zum zentralen Untersuchungsfeld aufstieg, verwissenschaftlichte sich in dieser Epoche der Diskurs ganz entscheidend.

*Lautgesetze*

*Strukturgedanke*

Im Anschluss findet zu Beginn des 20. Jahrhunderts die weitreichendste Neuausrichtung statt. Mit der strukturalistischen Grammatik, deren wesentliche Ideen und Unterscheidungen dem Genfer Sprachwissenschaftler Ferdinand de Saussure (1857–1913) zugeschrieben werden, tritt die alsbald dominierende Strömung der Sprachwissenschaft in Erscheinung, welche den früheren Einzelanalysen die Systematik entgegenstellt. Zwischen dem Sprachsystem und der tatsächlichen Realisierung war zwar schon zuvor differenziert worden. Doch die Unterscheidung bildete bis dahin nicht die Grundlage der Disziplin.

**Definition**

*Langue* (Sprache) bezeichnet das abstrakte System von Zeichen und Regeln. *Parole* (Sprechen) bezeichnet die konkrete Realisierung der Langue.

Nun erscheint das Sprachsystem als ein System von Zeichen. Sprachwissenschaftler und Grammatiker widmen sich der isolierten Betrachtung des Sprachsystems (auch wenn die Beispiele freilich immer der Realisierung entstammen). Das grundlegende Prinzip ist das des Kontrasts: Alle Zeichen stehen in Beziehung zueinander, sie lassen sich in einem Tableau von Oppositionen verorten. Nach einem weitgehend auf die Phonologie und Morphologie beschränkten Beginn des Strukturalismus weitete sich die Perspektive durch die Übertragung des Modells auf die Analyse von syntaktischen Strukturen (*Phrasenstrukturgrammatik*). Der Terminus Strukturalismus ist freilich ein Oberbegriff, unter dem sehr verschiedene Schulen zusammengefasst werden.

*Sprache als System*

Mit der Entwicklung des Strukturalismus steht die historische Betrachtung der Sprache nicht mehr im Zentrum des theoretischen Interesses. Die Dichotomie *synchron* vs. *diachron* grenzt die Betrachtung des Sprachsystems in einem bestimmten Zustand gegen die Wandlung der Sprache im zeitlichen Verlauf ab. Saussure betont – gegen die Ansicht der Junggrammatiker –, dass dem synchronen Studium des Sprachsystems der Vorzug vor der diachronen Betrachtung zu geben sei. Dabei spielt der Gedanke eine wesentliche Rolle, dass Sprache ein *System* sei, dessen Elemente und die zwischen ihnen bestehenden Beziehungen von der Sprachwissenschaft vollständig spezifiziert werden sollten. Zwar gehören auch die Möglichkeiten des Sprachwandels mit zum System, sie sind jedoch in Bezug auf die Beschreibung des Systems sekundär.

*Saussures Unterscheidungen*

Saussure führt eine ganze Reihe weiterer Unterscheidungen ein, die das Gesicht der modernen Sprachwissenschaft nachhaltig geprägt haben. So ist etwa die *langue*, die das abstrakte Sprachsystem umfasst, von der die konkrete Rede meinenden *parole* zu trennen. Die *Synchronie* ist, wie erwähnt, von der *Diachronie* zu trennen. *Syntagmatische* stehen *paradigmatischen* Beziehungen gegenüber. Zwei Ausdrücke stehen in einer syntagmatischen Beziehung, wenn sie gemeinsam in einem sprachlichen Komplex auftreten können (*Relation in praesentia*). Sie stehen in paradigmatischer Beziehung, wenn das Auftreten des einen Ausdrucks das Auftreten des anderen ausschließt (*Relation in absentia*). Auf der Ebene des *sprachlichen Zeichens* ist zwischen dem *Lautbild* und der damit verbundenen *Vorstellung* zu unterscheiden, obwohl diese beiden Aspekte im sprachlichen Zeichen als zwei Seiten der gleichen Sache vereint sind. Die Beziehung zwischen diesen beiden Seiten ist *arbiträr*, aber *konventionalisiert*.

*Sprachliches Zeichen*

*Ausbreitung des Strukturalismus*

Der Strukturalismus und die mit ihm verbundenen Ideen finden jedoch nicht nur in Europa eine starke Verbreitung, sondern werden auch in Amerika aufgegriffen und weiterentwickelt. In den europäischen Zentren (Genf, Prag, Kopenhagen) etablieren sich eigene Richtungen und Zielsetzungen der strukturalistischen Sprachwissenschaft. Die allgemeinen Methoden und Ideen des Strukturalismus prägen jedoch nachhaltig auch andere Bereiche der Geisteswissenschaften wie etwa Philosophie, Anthropologie und Soziologie.

*Taxonomischer Strukturalismus*

In der Sprachwissenschaft führt die neue strukturalistische Methode u.a. dazu, die Elemente des Sprachsystems durch *Segmentieren* zu identifizieren und durch die Bestimmung ihrer Eigenschaften zu *klassifizieren*. Ziel dieses *taxonomischen Strukturalismus* ist die vollständige Identifikation aller sprachlichen Minimaleinheiten und ihre Klassifikation.

*Mathematische Sprachanalyse*

Parallel zu diesen Strömungen in der Sprachwissenschaft entwickelt sich ebenfalls seit Beginn des 20. Jahrhunderts ein Zweig der mathematischen Logik, der – ausgehend von Gottlob Freges (1848–1925) Arbeiten zur Bedeutung sprachlicher Ausdrücke und der Formulierung der Prädikatenlogik – die *Kombinatorik* sprachlicher Ausdrücke ins Zentrum des Forschungsinteresses rückt. Die zentrale Fragestellung bezieht sich zunächst auf die Prädikat-Argument-Struktur sprachlicher Ausdrücke. Die Anbindung von Argumenten an Verben, die wir später in der Valenztheorie genauer betrachten, gründet sich auf Kombinationsprinzipien der Prädikatenlogik. In der Folge von Freges Ansätzen hat der Philosoph und Mathematiker Bertrand Russell (1872–1970) in den *Principia Mathematica* einen Kalkül entwickelt, mit dessen Hilfe es gelang, verschiedene Paradoxien in der Mathematik zu umgehen.

*Typentheorie*

Dieser Kalkül – die so genannte *Typentheorie* – war aber auch geeignet, eine semantische Klassifikation sprachlicher Ausdrücke zu liefern, die zugleich die Frage der Kombinatorik der elementaren wie komplexen Ausdrücke beantworten konnte. Die Prädikats-Eigenschaften sprachlicher Ausdrücke ließen sich fortan mit Hilfe einer formalen Theorie präzise erfassen.

**Merksatz**

> Die *Typentheorie* legt eine Hierarchisierung logischer Objekte zugrunde: Mengen gehören zu einem anderen, komplexeren Typ als ihre Elemente.

*Kategorialgrammatik*

In den dreißiger Jahren des 20. Jahrhunderts wurde das in der semantischen Typentheorie verwendete Konzept der kategorialen Kombinatorik im Rahmen der *Kategorialgrammatik* auf formale Syntaxsysteme bezogen. Die Theorie des polnischen Logikers Kazimierz Ajdukiewicz (1890–1963) von der syntaktischen Konnexität begründet im Jahr 1935 die *Kategorialgrammatik*. Derartige Systeme zeichnen sich dadurch aus, dass *Syntax* und *Semantik* parallel konstruiert werden. Die sprachlichen Ausdrücke werden

Kategorien zugewiesen, die in einer bestimmten Schreibweise notiert sind. Der Aufbau dieser Kategoriensymbole ist so konzipiert, dass die Prädikat-Argumentstruktur, also die Anzahl der erforderlichen Ergänzungen, ausgedrückt wird, indem sowohl die Kategorie des Arguments als auch die Kategorie des aus der Verbindung resultierenden Ausdrucks abgelesen werden kann. So bezeichnet etwa der Ausdruck S/N die Kategorie eines einstelligen Prädikats, wie etwa die intransitiven Verben *lachen, wandern, schlafen*. Diese können als vollständige Sätze der Kategorie S aufgefasst werden, denen ein nominaler Ausdruck der Kategorie N fehlt. Fügt man also dem Ausdruck S/N ein N hinzu, so ergibt sich ein Ausdruck der Kategorie S. In der Kategorie S/N ist also einerseits die Kategorie des fehlenden Arguments N enthalten, andererseits aber auch die Kategorie S des Resultatsausdrucks, der entsteht, wenn man das einstellige Prädikat mit einem nominalen Argument verbindet.

Diese in der mathematischen Logik begründete sprachwissenschaftliche Richtung entwickelt sich an der Westküste der Vereinigten Staaten weiter. Ihre Wurzeln liegen in der Kategorialgrammatik und der Logik, die die Basis für die moderne Semantiktheorie liefert. Die grundsätzliche Idee dieser nach ihrem Entwickler Richard Montague (1930–1971) benannten *Montague-Grammatik* behandelt die für die moderne Semantikforschung zentrale Frage, wie sich die Bedeutung komplexer sprachlicher Ausdrücke aus der Bedeutung ihrer Teilausdrücke und der Art ihrer Zusammensetzung bestimmen lässt. Dies ist der Inhalt von *Freges Kompositionalitätsprinzip*. Obwohl Frege es nirgendwo explizit formuliert hat, drückt es doch das leitende Forschungsinteresse aus, das in seinen Schriften einen wichtigen Stellenwert einnimmt.

*Montague-Grammatik*

**Merksatz**

Richard Montague geht davon aus, dass die natürlich-menschlichen Sprachen formalen Sprachen so sehr ähneln, dass es möglich sein muss, natürliche Sprachen mit den gleichen theoretischen Begriffen zu beschreiben wie die formalen Sprachen der Logik.

Die Montague-Grammatik ist eine erweiterte Kategorialgrammatik, die eine Eins-zu-Eins-Entsprechung zwischen syntaktischen Kategorien und logischen Typen annimmt. Die syntaktischen Ausdrücke werden in eine intensionale Logiksprache übersetzt und können damit modelltheoretisch interpretiert werden.

Die Idee, die Kombinationsprinzipien zur Bildung sprachlicher Strukturkomplexe zu präzisieren, fand auch im amerikanischen Strukturalismus seinen Niederschlag und wurde in der Nachfolge durch Noam Chomsky (*1928) – an der Ostküste der Vereinigten Staaten – als zentraler Gegenstandsbereich der modernen Linguistik bestimmt. Für Chomsky sind es die formalsyntaktischen Eigenschaften komplexer sprachlicher Ausdrücke und die grammatischen Relationen, die zwischen ihren Teilen bestehen, die die Syntaxtheorie auf der Basis von Regelsystemen zu beschreiben hat. Dabei stehen nicht nur die Grammatiken der *Einzelsprachen* im Mittelpunkt des Forschungsinteresses, sondern – in einer Rückwendung zu vormodernen logischen Auffassungen – die allen menschlichen Sprachen gemeinsamen, universellen Eigenschaften. Da nur die biologische Spezies *Mensch* über Sprache verfügt, stellt sich die Frage nach den genetischen Bedingungen der Sprachfähigkeit und den angeborenen Prinzipien der *Universalgrammatik* (UG). Die generative Grammatik hat das Ziel, eine Theorie über die Strukturen und die Organisationsweise der Universalgrammatik zu formulieren. Eine wesentliche Hypothese dieser Theoriebildung besteht in der *Autonomie der Syntax*. Sie besagt, dass die Prinzipien der sprachlichen Strukturbildung nicht aus den Prinzipien anderer kognitiver Systeme abgeleitet werden können, so dass das Sprachsystem als ein eigenständiges mentales Modul aufzufassen ist.

*Noam Chomsky*

*Generative Grammatik*

Während diese sprachwissenschaftliche Richtung wesentlich an den formalen Eigenschaften der syntaktischen Strukturbildung interessiert ist, fokussiert die an der Westküste betriebene Sprachwissenschaft die Theoriebildung auf die angemessene Behandlung der Bedeutung sprachlicher Ausdrücke. In den 70-er Jahren des 20. Jahrhunderts finden die beiden Theoriezweige zueinander, und es stellt sich heraus, dass die Montague-Grammatik als interpretative Semantikkomponente an die generative Grammatiktheorie angekoppelt werden kann.

*Form und Inhalt*

Gegen diese formale Richtung der Sprachwissenschaft bildet sich auf der Basis der Prager Schule des Strukturalismus eine sprachwissenschaftliche Richtung aus, die Sprache primär als ein funktionierendes Kommunikationsmittel betrachtet. Das wissenschaftliche Vorgehen dieser Richtung orientiert sich am *Funktionalismus,* indem die Analyse sprachlicher Äußerungen von den *kognitiven* und *sozialen* Funktionen ausgeht und die grammatische Form aus diesen Funktionen abzuleiten versucht. Aus dieser Perspektive erscheint die menschliche Sprache als

*Kommunikation*

ein Instrument der Symbolverarbeitung, welches ausschließlich kommunikativen Zwecken dient. Eine Konsequenz dieser Auffassung besteht darin, dass die grammatischen Strukturen und Relationen nicht ohne Rekurs auf die kommunikativen Funktionen beschrieben werden können, so dass damit eine Gegenhypothese zur *Autonomie der Syntax* aufgestellt wird.

**Merksatz**

Karl Bühler unterscheidet in seinem *Organonmodell der Sprache* (1934) – ausgehend von dem Sender-Empfängermodell – drei zeichenkonstituierende Faktoren: Sprachliche Zeichen sind *Symptome* (Ausdrucksfunktion: bezieht sich auf den Sender), *Signale* (Appellfunktion: bezieht sich auf den Empfänger) und *Symbol* (Darstellungsfunktion: bezieht sich auf äußere Gegenstände).

*Grammatisches System versus Soziale Interaktion*

Es gibt jedoch eine Reihe guter Gründe, die dagegen sprechen, Sprache auf ihre kommunikative Funktion zu reduzieren und die Gesamtheit ihrer Eigenschaften aus den Charakteristika der kommunikativen Zwecke abzuleiten. Natürlich dient Sprache in weiten Teilen des menschlichen Verhaltens der Kommunikation und ebenso ist umgekehrt die natürliche Sprache das Hauptverständigungsmittel in der Kommunikation. Dennoch können beide Bereiche nicht einfach identifiziert werden. Die folgenden Phänomene sprechen für eine Trennung von Sprache und Kommunikation: Sprache wird häufig ohne kommunikative Funktion verwendet z. B. bei Monologen, Einkaufszetteln zur Gedächtnisstütze, Tagebuchnotizen usw. Kommunikation andererseits kann sich unabhängig von Sprache durch Gestik, Mimik, Handbewegungen, böse Blicke usw. vollziehen. Sprache und Kommunikation werden daher von unterschiedlichen Kenntnissystemen hervorgebracht: Sprache basiert auf Prinzipien und Strukturen des grammatischen Systems, während die Kommunikation von den Prinzipien der sozialen Interaktion gesteuert wird. In der *Theorie der Sprechakte* treten Komponenten aus beiden Kenntnisdomänen in eine systematische Interaktion. Den Theorien von John Langshaw Austin (1911–1960) und John Rogers Searle (*1932) zufolge wird ein Sprechakt in einen *lokutionären*, einen *illokutionären* und einen *perlokutionären* Akt differenziert.

*Sprechakttheorie*

**Definition**

| | |
|---|---|
| *Lokution:* | bezieht sich auf die Äußerung und Verwendung von Lauten und Wörtern in grammatischen Konstruktionen |
| *Illokution:* | bezieht sich auf die Intention einer Äußerung in einer bestimmten Kommunikationssituation |
| *Perlukution:* | bezieht sich auf die Wirkung der Äußerung auf den Hörer |

*Komponenten sprachlicher Äußerungen*

Der *lokutionäre* Akt wird weiter unterteilt in einen *phonetischen*, einen *phatischen* und einen *rhetischen* Akt. Diese sind jeweils den phonetischen, morpho-syntaktischen und semantischen Aspekten einer sprachlichen Äußerung zuzurechnen und gehören damit zur Domäne linguistischer Kenntnis. *Illokutionärer* und *perlokutionärer* Akt beziehen sich auf die Äußerungsabsicht und deren Wirkung beim Hörer und gehören daher zur Kenntnisdomäne der sozialen Interaktion. Versucht man ein differenziertes Bild der Strukturkomponenten einer sprachlichen Äußerung zu zeichnen, in dem die sprachlichen und kommunikativen Komponenten trennscharf sichtbar werden, so kann man dies sehr gut mit der Konzeption des deutschen Linguisten Manfred Bierwisch (*1930). Eine Äußerung (*utterance*) *u* lässt sich demgemäß als eine geordnete Struktur mit den folgenden Komponenten charakterisieren:

$$u = \langle ins, p, t, ls \rangle,$$

wobei *ins* die Inskription eines akustischen oder visuellen Signals ist, das von einer Person *p* zu einem Zeitpunkt *t* in Form einer linguistischen Struktur *ls* produziert wird. Die linguistische Struktur *ls* lässt sich ihrerseits weiter differenzieren in eine phonetische Komponente *pt*, eine syntaktische Struktur *syn* und eine semantische Repräsentation *sem*:

$$ls = \langle pt, syn, sem \rangle.$$

*pt* determiniert die Produktion und Rezeption der Inskription *ins* (d. h. einer Lautkette, eines Schriftstücks usw.), *syn* bezieht *pt* und *sem* aufeinander, indem es die linear organisierte Lautkette *pt* auf die hierarchisch strukturierte Bedeutung *sem* abbildet. Die Festlegung der Bedeutung (*meaning*) *m* von einer Person *p* zur Zeit *t* hängt ab vom Kontext *ct*, in dem die Äußerung *u* interpretiert wird. Integriert man *ct* und *m*, so erhält man die Strukturkomponenten einer bedeutungstragenden Äußerung (*meaningful utterance*):

mu = ⟨ins, p, t, ⟨pt, syn, sem⟩, ct, m⟩

*Interaktion*

Bisher sind noch keine kommunikativen Aspekte in der Äußerung aufgetreten. Erst in einem Interaktionsgefüge (*interactional setting*) *ias* erhält die bedeutungstragende Äußerung einen kommunikativen Sinn *cs*. Eine Person verfügt über ein System von Regeln, Prinzipien und Schemata der sozialen Interaktion, die es ihr erlauben, in einem interaktionalen Gefüge den kommunikativen Sinn *cs* einer bedeutungstragenden Äußerung abzuleiten. Sprachliche Strukturbildung und kommunikative Information sind damit als unabhängige Komponenten zu rekonstruieren, die in einem Sprechakt in systematische Interaktion miteinander treten. Ein Sprechakt SA lässt sich zusammenfassend in die folgenden Komponenten zerlegen (vgl. Bierwisch 1980):

SA = ⟨⟨ins, p, t, ⟨pt, syn, sem⟩, ct, m⟩, ias, cs⟩

*Linguistik, Psychologie, Soziologie*

Die linguistische Struktur ⟨pt, syn, sem⟩ ist Gegenstand der Theoriebildung über grammatische Strukturen und Relationen und bildet den zentralen Forschungsgegenstand der Linguistik. Die Komponenten *ct, m* spezifizieren Eigenschaften und Bedingungen der konzeptuellen Interpretation und gehören zum Forschungsbereich der kognitiven Psychologie. Kommunikativer Sinn *cs* und Interaktions-Zusammenhang *ias* beziehen sich auf Konzepte des sozialen Miteinanders und gehören daher zum Gegenstandsbereich der Soziologie. Eine Ableitung der grammatischen Strukturen und Relationen aus den theoretischen Konzepten der kognitiven Psychologie oder der Soziologie ist mit den derzeit vorliegenden theoretischen Konzepten nicht möglich.

*Autonomie der Syntax*

In der generativen Grammatik war man sich der Unterscheidung zwischen grammatischer und kommunikativer Kompetenz stets bewusst. Die Hypothese von der Autonomie der Syntax ist der explizite Ausdruck dieser Auffassung, die ja nicht besagt, dass die kommunikative Kompetenz in der Sprachverwendung keine Rolle spielt, sondern nur, dass sie anderen Regeln und Prinzipien unterliegt als die grammatische Kompetenz. Der Forschungsgegenstand der generativen Grammatik ist die grammatische Kompetenz, die verstanden werden kann als die Fähigkeit des Muttersprachlers, grammatisch wohlgeformte Symbolketten mit Hilfe des internalisierten Grammatiksystems von nicht wohlgeformten Symbolketten zu unterscheiden. So ist ein Muttersprachler des Deutschen ohne weiteres in der Lage, die Symbolkette in (1) (i) – unabhängig von der Bedeutung – als eine grammatisch

*Grammatische Kompetenz*

wohlgeformte Konstruktion zu identifizieren, während ihm dies mit der Konstruktion in (1) (ii) nicht gelingt:

(1) (i) Die Zucken haben sich moker einen Klatz geklackelt.
(ii) Der Zucken hast ihn moker eine Klatz zu klackeln.

Die Prinzipien der grammatischen Strukturbildung im Deutschen sind für den Kontrast zwischen (1) (i) und (1) (ii) verantwortlich. Diese Prinzipien aufzudecken und in einer kohärenten Theorie der Sprachkenntnis zu formulieren, ist die zentrale Aufgabe der linguistischen Forschung im Paradigma der generativen Grammatik.

*Government and Binding Theory*

Die Theoriebildung über diesen Gegenstandsbereich hat seit ihrem Beginn in den fünfziger Jahren des 20. Jahrhunderts verschiedene Ausprägungen erfahren. Zum einen ist die Theorie immer wieder durch Generalisierungen, Abstraktionen und Idealisierungen der untersuchten Phänomen- und Theoriebereiche verändert worden. Einen Meilenstein in dieser Entwicklung markiert die *Rektions- und Bindungstheorie* (Chomsky 1981), derzufolge das grammatische System aus verschiedenen Teilsystemen besteht, deren Interaktion auf unterschiedlichen Ebenen die grammatische Wohlgeformtheit sprachlicher Strukturkomplexe theoretisch abzuleiten gestattet.

*Unifikation*

Etwa um die gleiche Zeit entwickelt sich mit der *lexikalisch-funktionalen Grammatik* (*LFG*) (Bresnan 1982) der Vorläufer der *Unifikationsgrammatiken*, die in der Folgezeit zu weiteren Theorievarianten geführt haben. So tritt in der Mitte der achtziger Jahre die *Generalisierte Phrasenstruktur-Grammatik (GPSG)* (Gazdar, Klein, Pullum, Sag 1985) auf, die ihrerseits zur *kopfgesteuerten Phrasenstruktur-Grammatik (head driven phrase structure grammar HPSG*) führt. Wesentliche Ziele dieser Theoriebildungen bestehen darin, die grammatischen Funktionen wie Subjekt, Objekt usw. explizit in die grammatische Beschreibung aufzunehmen. Darüber hinaus explizieren diese Ansätze deutlich und mit einheitlichen theoretischen Mechanismen, wie die morpho-syntaktischen Merkmale innerhalb der Konstituentenstruktur verteilt werden.

*Optimalität*

In den neunziger Jahren entsteht im Bereich der Phonologie die *Optimalitätstheorie* (*OT*) (Prince u. Smolensky 1993), deren Konzeption in der Folge auch auf die Ableitung syntaktischer Konstruktionen übertragen wird. Die Optimalitätstheorie stellt ein Wettbewerbsmodell dar, das aus den verschiedenen Möglichkeiten (Kandidaten) der grammatischen Strukturbildung das optimale Resultat ausfiltert. Ein wesentliches Charakteristikum besteht darin, dass grammatische Regeln und Beschränkungen nicht unumstößlich gelten, sondern unter bestimmten, wohldefinierten Bedingungen verletzt werden dürfen. Die Voraussetzung für die Verletzung einer Regel besteht darin, dass eine wichtigere Regel erfüllt werden kann, so dass die Regeln und Beschränkungen hinsichtlich ihrer Wichtigkeit in einer Hierarchie (*ranking*) angeordnet sind. Als grammatisch wohlgeformt gilt dann diejenige Struktur, die nicht gegen die höherrangigen Beschränkungen verstößt.

*Minimalismus*

In der Mitte der neunziger Jahre entwirft Chomsky (1995) mit dem *Minimalistischen Programm* (*MP*) die Konzeption eines Grammatikmodells, in dem alle theoretischen und strukturellen Objekte konzeptuell notwendig sein müssen. Die bis dahin weitgehend akzeptierte Rektions- und Bindungstheorie erfährt eine radikale Neuformulierung, und viele theoretische Annahmen und Konzepte fallen der Bedingung der konzeptuellen Notwendigkeit zum Opfer. Zugleich werden die deskriptiven Generalisierungen über die sprachlichen Phänomenbereiche jedoch beibehalten und durch abstraktere und generellere Annahmen und Mechanismen abgeleitet. *Kognition* Die Grammatik wird aufgefasst als ein Teilsystem der menschlichen Kognition, das mit anderen mentalen Systemen über die beiden Schnittstellen *phonetische Form* (*PF*) und *logische Form* (*LF*) verbunden ist. Die Grammatik hat in dieser Konzeption die Aufgabe, Repräsentationen zu erstellen, die an den Schnittstellen jeweils interpretiert werden können. Damit determinieren die außersprachlichen Systeme die vom Sprachsystem zu erzeugenden Strukturen. Diese müssen auf die ökonomischste Art gebildet werden und unterliegen – ähnlich wie in der *Optimalitätstheorie* – einem Ökonomie-Wettbewerb. Nur die ökonomischste Derivation ist wohlgeformt. Das *Minimalistische Programm* repräsentiert den gegenwärtigen Stand der modernen Syntaxtheorie.

Wir werden im Folgenden die Entwicklung der Grammatiktheorie von den antiken Vorläufern bis zu diesem Stand möglichst übersichtlich, knapp, aber mit den wesentlichen Ideen und Konzeptionen darstellen.

## Literatur

**Überblicksdarstellungen:**

Arens, Hans ([2]1969): *Sprachwissenschaft. Der Gang ihrer Entwicklung von der Antike bis zur Gegenwart*. Freiburg/München: Alber.

Auroux, Silvain et al. (Hgg.) (2000): *Geschichte der Sprachwissenschaften. Ein internationales Handbuch zur Entwicklung der Sprachforschung von den Anfängen bis zur Gegenwart*. Berlin/New York: Walter de Gruyter (= Handbücher zur Sprach- und Kommunikationswissenschaft Bd. 18).

Besch, Werner et al. (Hgg.) (1984–1985): *Sprachgeschichte. Ein Handbuch zur Geschichte der deutschen Sprache und ihrer Erforschung*. 2 Tbde. Berlin/New York: Walter de Gruyter (= Handbücher zur Sprach- und Kommunikationswissenschaft Bd. 2).

Booij, Gert et al.: (Hgg.) (2000): *Morphologie. Ein internationales Handbuch zur Flexion und Wortbildung*. Berlin/New York: Walter de Gruyter (= Handbücher zur Sprach- und Kommunikationswissenschaft Bd. 17). Bisher 1 Tbd.

Borsche, Tilman (Hg.) (1996): *Klassiker der Sprachphilosophie. Von Platon bis Noam Chomsky*. München: Beck.

Brekle, Herbert Ernst (1985): *Einführung in die Geschichte der Sprachwissenschaft*. Darmstadt: Wissenschaftliche Buchgesellschaft.

Bynon, Theordora/Palmer, Frank Robert (Hgg.) (1986): *Studies in the history of Western Linguistics*. Cambridge: Cambridge University Press.

Coseriu, Eugenio (2003): *Geschichte der Sprachphilosophie. Von den Anfängen bis Rousseau*. Tübingen/Basel 2003: Francke (UTB).

Dascal, Marcelo et al. (Hgg.) (1992): *Sprachphilosophie. Ein internationales Handbuch zeitgenössischer Forschung*. Berlin/New York: Walter de Gruyter (= Handbücher zur Sprach- und Kommunikationswissenschaft Bd. 7).

Gardt, Andreas (1999): *Geschichte der Sprachwissenschaft in Deutschland. Vom Mittelalter bis ins 20. Jahrhundert*. Berlin/New York: Walter de Gruyter.

Harris, Roy/Taylor, Talbot J. ([2]1997): *Landmarks in linguistic thought*. Vol. I: The Western tradition from Socrates to Saussure. London/New York: Routledge.

Helbig, Gerhard ([2]1973): *Geschichte der neueren Sprachwissenschaft: Unter dem besonderen Aspekt der Grammatik-Theorie*. München: Hueber.

Jacobs, Joachim et al. (Hgg.) (1993): *Syntax. Ein internationales Handbuch zeitgenössischer Forschung*. Berlin/New York: Walter de Gruyter (= Handbücher zur Sprach- und Kommunikationswissenschaft Bd. 9). Bisher 1 Tbd.

Law, Vivien (2003): *The History of Linguistics in Europe. From Plato to 1600*. Cambridge: Cambridge University Press.

Palmer, Frank (1974): *Grammatik und Grammatiktheorie. Eine Einführung in die moderne Linguistik*. München: Beck.

Posner, Roland et al. (Hgg.) (1997): *Semiotik. Ein Handbuch zu den zeichentheoretischen Grundlagen von Natur und Kultur.* Berlin/New York: Walter de Gruyter (= Handbücher zur Sprach- und Kommunikationswissenschaft Bd. 13).

Robins, R[obert] H[enry] ($^{4}$1989): *General Linguistics. An Introductory Survey.* London/New York: Longman.

Rohr, Günther W. (1999): *Einführung in die historische Grammatik des Deutschen.* Hamburg: Buske.

Schmitter, Peter (Hg.) (1987ff.): *Geschichte der Sprachtheorie.* 9 Bde./bisher erschienen Bd. 1–6,1. Tübingen: Narr.

Seuren, Pieter A.M. (2001): *Sprachwissenschaft des Abendlandes. Eine Ideengeschichte von der Antike bis zur Gegenwart.* Hohengehren: Schneider.

**Theorien der modernen Grammatik:**

**Allgemeine Einführungen:**

Brandt, Patrick et al., (1999): *Sprachwissenschaft – Ein roter Faden für das Studium.* Köln: Böhlau.

Fanselow, Gisbert/Felix, Sascha (1987): *Sprachtheorie. Einführung in die Generative Grammatik.* Bd. 1: *Grundlagen und Zielsetzungen.* Bd. 2: *Die Rektions- und Bindungstheorie.* Tübingen: Francke Verlag (= UTB 1441 & 1442).

Grewendorf, Günther/Hamm, Fritz/Sternefeld, Wolfgang (Hg) (1987): *Sprachliches Wissen. Eine Einführung in die moderne Theorie der grammatischen Beschreibung.* Frankfurt/M.: Suhrkamp (= STW 695)

Keller, Jörg/Leuninger, Helen (1993): *Grammatische Strukturen – Kognitive Prozesse. Ein Arbeitsbuch.* Tübingen: Narr.

Meibauer, Jörg et al. (2002): *Einführung in die germanistische Linguistik.* Stuttgart: Metzler.

Linke, Angelika/Nussbaumer, Markus/Portmann, Paul R. (1994): *Studienbuch Linguistik.* Tübingen: Niemeyer.

Wunderlich, Dieter (1974): *Grundlagen der Linguistik.* Opladen: Westdeutscher Verlag.

**Grammatiken:**

Eisenberg, Peter (1998): *Grundriss der deutschen Grammatik. Das Wort.* Stuttgart: Metzler.

Eisenberg, Peter (1999): *Grundriss der deutschen Grammatik. Der Satz.* Stuttgart: Metzler.

Zifonun Gisela/Hoffmann, Ludger/Strecker, Bruno (1997): Grammatik der deutschen Sprache. 3 Bde. Berlin, New York: de Gruyter.

**Syntax:**

Chomsky, Noam (1981): *Lectures on government and binding.* Dordrecht: Foris.

Chomsky, Noam (2005): *The Minimalist Program.* Cambridge, Mass.: MIT Press.

Fanselow, Gisbert/Felix, Sascha (1987): *Sprachtheorie. Bd. 1 Grundlagen und Zielsetzungen. Bd. 2 Die Rektions- und Bindungstheorie*. Tübingen: Francke.
Grewendorf, Günther (1988): *Aspekte der deutschen Syntax*. Tübingen: Narr.
Riemsdijk, Henk van/Williams, Edwin (1986): *Introduction to the theory of grammar*. Cambridge/Mass: MIT Press.
Stechow, Arnim von/Sternefeld, Wolfgang (1988): *Bausteine syntaktischen Wissens. Ein Lehrbuch der generativen Grammatik*. Opladen: Westdeutscher Verlag.
Wöllstein-Leisten, Angelika et al. (1997): *Deutsche Satzstruktur*. Tübingen: Stauffenberg.

**Morphologie:**

Bhatt, Christa (1991): *Einführung in die Morphologie*. Hürth-Efferen: Gabel. (= KLAGE 23).
Fleischer, Wolfgang (1975): *Wortbildung der deutschen Gegenwartssprache*. Tübingen: Niemeyer.
Fleischer, Wolfgang/Barz Irmhild (1995): *Wortbildung der deutschen Gegenwartssprache*. Tübingen: Niemeyer.
Olsen, Susan (1986): *Wortbildung im Deutschen: Eine Einführung in die Theorie der Wortstruktur*. Stuttgart: Kröner.
Scalise, Sergio (1984): *Generative Morphology*. Dordrecht: Foris.
Selkirk, Elisabeth (1984): *The Syntax of Words*. Cambridge/Mass.: MIT Press.
Spencer, Andrew (1991): *Morphological Theory. An Introduction to Word Structure in Genrative Grammar*. Oxford: Basil Backwell.

**Semantik:**

Cann, Ronnie (1993): *Formal Semantics. An Introduction*. Cambridge: Cambridge University Press.
Chierchia, Genaro/McConnell-Ginet, Sally (1991): *Meaning and Grammar. An Introduction to Semantics*. Cambridge, Mass.: MIT Press.
Dowty, David et al. (1981): *Introduction to Montague Semantics*. Dordrecht: Reidel.
Heim, Irene/Kratzer, Angelika (1998): *Semantics in Generative Grammar*. Oxford: Blackwell Publishers.
Lohnstein, Horst (1996): *Formale Semantik und natürliche Sprache*. Opladen: Westdeutscher Verlag.
Löbner, Sebastian (2003): *Semantik – Eine Einführung*. Berlin, New York: de Gruyter.
Wunderlich, Dieter (1980): *Arbeitsbuch Semantik*. Kronberg/Ts.: Scriptor.

**Phonetik/Phonologie:**

Hall, Tracy Allen (2000): *Phonologie. Eine Einführung*. Berlin, New York. de Gruyter.
Pompino-Marschall, Bernd (1995): *Einführung in die Phonetik*. Berlin, New York: de Gruyter.
Ramers, Karl-Heinz (1998): Einführung in die Phonologie. München: Fink (= UTB Wissenschaft 2008).

Ramers, Karl-Heinz/Vater, Heinz (1995): *Einführung in die Phonologie*. Hürth-Efferen: Gabel (= KLAGE 16).
Wiese, Richard (1996): *The Phonology of German*. Oxford: Clarendon.

**Pragmatik:**

Bierwisch, Manfred (1980): Semantic Structure and Illocutionary Force. In: Searle, John R./Kiefer, Ferenc/Bierwisch, Manfred (Hgg.): *Speech Act Theory and Pragmatics*. Dordrecht: D. Reidel, 1–35.
Levinson, Stephen (1983): *Pragmatics*. Cambridge: Cambridge University Press.
Meibauer, Jörg (1999): *Pragmatik*. Tübingen: Stauffenberg.

# Die Frühzeit der Grammatiktheorie 2

Frühgeschichte der Grammatiktheorie – Vorsokratische Sprachphilosophie – Grundlagen bei Platon und Aristoteles – Anomalismus und Analogismus – Beginn der Systematik bei Dionysios Thrax – Die Syntaxtheorie des Apollonios Dyskolos – Adaption für das Lateinische – Varros vorausweisende Systematik – Höhepunkt der Schulgrammatik mit Donatus und Priscianus

## Ursprünge 2.1

*Phonem und Graphem*

Die abendländische Grammatiktheorie ist geprägt von einer Beschränkung, die erst in jüngster Zeit überwunden wurde: Grammatische Überlegungen bezogen sich über Jahrtausende ausschließlich auf die geschriebene Sprache. Zwar bildete die Phonetik (Aussprache und Silbenlehre) von Beginn an einen integralen Teil der Grammatiken, jedoch nicht als grammatisch relevante Größe. Erst in der Moderne rückt die Lauteinheit, das *Phonem*, zur basalen Größe auf (freilich musste auch hier erst eine Form der Notation gefunden werden). Das Grundelement der alten *Ars grammatica* war dagegen der Buchstabe, das *Graphem*. Das neue Medium Schrift erlaubte es, Wissen zu speichern und bei Bedarf abzurufen. Der Erfassung des entsprechenden Regelsystems oblag es, dafür zu sorgen, dass die notierten Sachverhalte auch nach Jahrhunderten und nach politischen oder kulturellen Umbrüchen noch lesbar und verstehbar waren. In vorschriftlichen Zeiten hat ein Bewusstsein für Grammatik vermutlich nicht existiert. Damit bildet der Einzug der Schrift in die oralen Kulturen, der vor Jahrtausenden im Orient begann, den *terminus post quem* der Grammatiktheorie.

**Definition**

*Phonem* nennt man die kleinste abstrahierbare Lauteinheit mit potentiell disjunktiver (bedeutungsunterscheidender) Funktion. Notiert werden Phoneme zwischen Schrägstrichen /a/ im Gegensatz zur phonetischen Einheit [a].

*Früher Grammatikunterricht*

Im Zusammenhang mit der Beamtenausbildung etabliert sich im Umfeld ägyptischer Fürstenfamilien bereits im dritten Jahrtausend v. Chr. ein Schulsystem, das auch Sprachunterricht beinhaltet. Spätestens vom 8. Jahrhundert an werden in diesem Unterricht die Bestandteile der (geschriebenen) Rede – Wörter und Sätze – systematisiert. Um 500 v. Chr. begegnet in den Quellen ein altindischer Grammatiker namens Pānini, der sich um die Analyse des Sanskrit verdient machte, wenn auch noch einigermaßen unsystematisch und ohne erkennbaren Einfluss auf die Entwicklung außerhalb Indiens.

*Kontinuität*

Die europäische Grammatiktheorie lässt sich zurückverfolgen bis in die griechische Antike. Nicht nur quellenmäßig bilden die Überlegungen der ersten gut bezeugten Denker (die Vorsokratiker, Platon und Aristoteles) den Nullpunkt des grammatischen Bewusstseins: Auch wenn in anderen Kulturen schon früher Grammatiken existiert haben, so nennen und kennen die griechischen Nestoren der Sprachtheorie keine Vorläufer. Ihrerseits aber – und das macht ihre Bedeutung aus – stehen sie am Beginn einer bis heute nicht abgerissenen Tradition.

*Vorsokratiker*

Die Philosophen vor Thales von Milet (ca. 625–547) hatten vor allem die Weltentstehung thematisiert und dabei die Grenze zum Mythos geflissentlich überschritten. Die von Thales begründete Schule der Ionischen Naturphilosophie brachte einen erhabeneren Wissenschaftsbegriff in Anschlag. Eine erste sprachliche Konsequenz war, dass fortan wissenschaftliche Werke meist in Prosa, literarische Werke in Versen publiziert wurden. Vor allem aber rückte die Sprache in den Rang eines Untersuchungsgegenstands auf. Es waren insbesondere die so genannten Sophisten, die der grammatischen Struktur der Sprache einige Bedeutung beimaßen.

*Naturalismus und Konventionalismus*

Den Hintergrund bildete die Diskussion zwischen Naturalisten und Atomisten, ob Benennungen natürlich (nach kosmischer Ordnung) oder konventionell (nach menschlichem Ermessen) zustande gekommen seien. Die erste Meinung vertrat etwa Heraklit (ca. 550/530–480), den Konventionalismus hielt besonders Demokrit von Abdera (ca. 470–380) in Ehren. Ein starkes Argument für die Konventionsthese war der Umstand, daß für viele Dinge mehrere Worte/Namen existierten. Der Sophist Protagoras von Abdera (ca. 480–421) neigte ebenfalls der Ansicht zu, Worte seien das, worauf sich Sprachteilnehmer am Urbeginn geeinigt hatten. Aber er glaubte gleichwohl an ein strikt rationales System der Sprache. Das verlagerte den Fokus der Sprachphilosophie von der anthropologischen auf die linguistische Ebene.

Protagoras teilte die Äußerungen (Sätze) in vier Arten ein, in Bitt-, Frage-, Antwort- und Befehlssätze. Zudem soll er erstmals das grammatische Geschlecht nach Maskulina, Feminina und Neutra systematisiert haben.

*Platon*

Der Philosoph Platon (427–347) hat keine explizit sprachphilosophische Abhandlung verfasst, dennoch liegt seinen Schriften ein einigermaßen komplexes Sprachkonzept zugrunde. Zentral für die platonische Sprachauffassung ist der *Kratylos*-Dialog, welcher die Frage diskutiert, ob es „von Natur einen richtigen Namen für jedes Ding gebe". Sokrates, Platons Alter Ego, plädiert für eine zwischen Naturalismus und Konventionalismus schwebende Lösung: Wörter seien zwar mittels Konventionen entstanden, doch gebe es eine objektive Grundlage, warum die jeweilige Bezeichnung und nicht eine andere für eine Sache gewählt wurde. Hinter dieser komplizierten Konstruktion darf die Furcht vor einem konventionalistischen Relativismus vermutet werden. So modern ein Kosmos anmutet, in dem lediglich Bezeichnungen und keine Dinge mehr vorhanden sind, fühlte sich Platon doch der greifbaren Welt verpflichtet. Seine Theorie geht indes nicht von einer festen Wort-Ding-Relation – durch Ähnlichkeit oder Imitation – aus, vielmehr erkennt sie die informationsvermittelnde Funktion der Worte an. Als Kommunikationswerkzeuge seien sie sachgerecht zu verfertigen.

*Erste Syntaxtheorie*

Ein zweiter sprachtheoretischer Grundtext Platons bringt dezidiert die Grammatik ins Spiel. Im Zuge der Untersuchung der Richtigkeit von Aussagen wird in dem Spätdialog *Der Sophist* ein neuartiges Satzstrukturmodell entwickelt, das enorme Wirkung haben sollte. Platon unterscheidet – wenn auch nicht ganz ohne Vorläufer – die beiden Aussage-Bestandteile Nomen (*ónoma*, wörtlich: „Name") und Zeitwort (*rhēma*, wörtlich: „Aussage"). Es gibt demnach zwei nicht miteinander austauschbare Satzteile. Diese erste Systematisierung ist der eigentliche Startschuss für die abendländische Grammatiktheorie. Sie ist eng an die logische Theorie der Prädikation angelehnt, wonach einer Substanz gewisse Bestimmungen (Akzidenzien) zukommen. Platons zwei Wortklassen trennen noch nicht zwischen Substantiv und Subjekt einerseits, Verb und Prädikat andererseits. Adjektive, obwohl formal den Nomen gleichstehend, zählen unter dieser prädikatenlogischen Prämisse zur Aussage-Klasse, da sie ebenfalls eine Substanz zu prädizieren scheinen. Platon gibt erste syntaktische Regeln an: Nur die Verbindung von *ónoma* und *rhēma*, das heißt der *lógos* (die Rede), ist sinnvoll und aussagekräftig, nicht schon einer der beiden Bestandteile für sich. In diesem Grundmodell eines Satzes aus Nomen und Verb wird also nicht nur eine Sache beim Namen genannt (durch das Nennwort), sondern zugleich etwas über sie ausgesagt (durch das Aussagewort).

*Aristoteles*

Die Sprachtheorie des Platon-Schülers Aristoteles (384–322) liegt ebenfalls nicht als eigenständige Grammatik vor. Sie wird vor allem in den beiden Schriften *Von der Interpretation* sowie *Poetik* entfaltet. Wörter hält Aristoteles für strikt konventionsgebunden, weshalb Bezeichnungen weder wahr noch falsch sein können. Neben wichtigen Überlegungen zur lautlichen Seite der Sprache interessiert Aristoteles vor allem der logisch-semantische Aspekt. Die Sprache besteht demnach aus Sätzen und Wörtern, unterschieden durch die so genannte „Teilbedeutsamkeit": Die einzelnen Teile des Satzes (die Worte) bedeuten etwas, während die einzelnen Teile des Wortes (Buchstaben, Laute) dies nicht tun. Worte sind also die kleinsten bedeutungstragenden Einheiten. Sie unterscheiden sich nach Wortarten. Hier finden sich die wichtigsten Neuerungen. Das Adjektiv zählt von nun an zur Klasse der Nomen (*onómata*), mit denen es formal übereinstimmt. Neu hinzu kommt die Wortart der undeklinierbaren „Verbindungswörter", wörtlich: die Konjunktion (*sýndesmos*), mit der späteren Bedeutung dieser Kategorie aber nicht deckungsgleich. Nicht ganz deutlich ist, inwiefern der Artikel (*árthron*) schon als eigenständige Wortart aufgefasst wird. Grammatiktheoretisch interessant sind die drei Binnendifferenzierungen in der Klasse der *onómata* nach Art, Gebrauch und Geschlecht. Die Art des Nomens wird untergliedert in einfache und zusammengesetzte (zwei-, drei- oder mehrteilige) Nomen. Der Gebrauch eines Wortes ist entweder allgemein, dialektal begrenzt oder metaphorisch. Das Geschlecht wird wie bei Protagoras als männlich, weiblich oder „dazwischen" bestimmt.

*Kleinste bedeutungstragende Einheiten*

*Stoische Grammatik*

Für den nächsten Entwicklungsschub der Grammatik sorgten die Stoiker. Sie begriffen die Grammatik als Teil der Logik. Einen Höhepunkt erreichte die stoische Sprachtheorie im Zeitraum zwischen Chrysippos (ca. 280–207) und Diogenes von Babylon (ca. 240–ca. 150). Bei den Wortarten werden fünf Typen differenziert: Nomen, Appellativ (Gattungsnomen), Verb, Konjunktion (nicht deklinierbar) und Artikel (deklinierbar). In der Späten Stoa kommen das Adverb und weitere Kategorien hinzu. Programmatisch unterschieden wird von den einfachen Benennungen (die Wortarten mit Ausnahme des Verbs) das Sprechen über etwas (Verben und Aussageweisen, die so genannten *Lek-*

kton

*ta*). Das von den Wörtern ausgedrückte ‚Sagbare' (*lektón*) ist eine charakteristische Erfindung bei den Stoiker, wobei sich die entsprechende Theorie als recht komplex erweist. Zu vermerken aber ist, dass die Stoiker im Zusammenhang mit den verschiedenen Sprechakten (Aussage, Bitte, Befehl etc.) bereits eine rudimentäre Syntaxtheorie entwickeln, die vom Prädikat ausgeht. An diese progressive Idee wurde in der Folgezeit nicht angeknüpft.

**Merksatz**

Die ersten für uns greifbaren grammatischen Betrachtungen entstehen im Zusammenhang mit philosophischen Fragen. Insbesondere die Nähe zur Prädikationslehre (einer Substanz kommen verschiedene Prädikate zu) wird bestimmend für die grammatische Perspektive.

## Griechische Grammatik 2.2

*Anomalismus-Analogismus-Streit*

Ein wirklich systematisches Sprachstudium ist erst in der hellenistischen Zeit (etwa 300 bis 100 v. Chr.) zu finden. Ein von dem römischen Grammatiker Marcus Terentius Varro kolportierter Streit, der in dieser Weise vielleicht gar nicht stattgefunden hat, führt die zentrale sprachtheoretische Frage der Zeit vor Augen. Demnach sollen sich mit den Gelehrten aus Pergamon, Chrysippos sowie Krates von Mallos (ca. 200–150), und jenen aus Alexandria, Aristophanes von Byzanz (ca. 257–180) sowie Aristarchos von Samothrake (ca. 216–144), Vertreter der anomalistischen und der analogistischen Grammatik gegenübergestanden haben. Zugrunde liegt dieser Differenzierung eine einfache Grundentscheidung: Entweder folgt der Aufbau der Sprache einem strikten System (*analogia*) oder er tut es nicht. Im zweiten Fall wurde die Konvention bzw. die Gewohnheit als ausschlaggebender Faktor angesehen. Die vielen Regelmäßigkeiten sprachen zwar für die Analogisten, die ebenso zahlreichen Ausnahmen aber konnten sie nicht erklären. Es darf allerdings angenommen werden, dass sich jeder Grammatiker, sei er nun aus Pergamon oder Alexandria, dieses Dilemmas bewusst war. Das zeigt sich schon an den allgemein akzeptierten Kriterien für die Sprachrichtigkeit in der antiken Grammatik: Einerseits wird auf die *Analogie* abgehoben, also den Systemgedanken, andererseits auf *Autorität* (durch Alter oder durch hervorragende Vorbilder). Die Spannung zwischen Regelmaß und Sprachgebrauch, man kann auch sagen zwischen strikter und rhetorischer Grammatik, durchzieht die gesamte antike Grammatikdiskussion.

*Dionysios Thrax*

Der erste Grammatiker im eigentlichen Wortsinn, Dionysios Thrax (2. Jahrhundert v. Chr.), war ein Schüler des Aristarchos und lebte wie dieser in Alexandria, dem neuen kulturellen Zentrum. Seine Grammatik entwarf er ganz aus dem Systemgedanken heraus. Gegenüber den Stoikern rückte Dionysios dabei deutlich von der Logik ab. Inzwischen sind begründete Zweifel an der Verfasserschaft zumindest des Hauptteils der Grammatik laut geworden. Möglicherweise stellt die Schrift eine fünf bis sechs Jahrhunderte später angefertigte Kompilation dar. Gleichwohl wird sie auch weiterhin mit dem Namen Dionysios Thrax in Verbindung gebracht werden. Wie einflussreich diese Studie war, zeigt sich schon daran, dass sie bis heute im Prinzip ihre Gültigkeit bewahrt hat. Zum ersten Mal begegnet hier der bald kanonische Titel „Kunst der Grammatik" (*téchnē grammatikḗ*, lat.: *Ars grammatica*). Die Schrift beinhaltet 20 Sektionen und beginnt mit einer Definition des Gegenstands nach alexandrinischer Manier: „Grammatik ist das praktische Studium der Sprache, wie sie gewöhnlich von Poeten und Prosaschriftstellern verwendet wird". Dionysios rechnet zur Grammatik also auch literarhistorische Aspekte wie die Interpretation von Texten. Als fünften Komplex erwähnt er die „Analogie", die am ehesten mit dem heutigen Verständnis von Grammatik zusammenstimmt.

*Acht partes orationis*

Das Wort gilt in dieser Systematik als kleinste Einheit eines korrekt konstruierten Satzes. Erstmals werden jetzt die Worte in acht Wortarten/Redeteile eingeteilt: Nomen (*ónoma*), Verb (*rhēma*), Partizip (*metoché*), Artikel (*árthron*), Pronomen (*antōnymia*), Präposition (*próthesis*), Adverb (*epírrhēma*) und Konjunktion (*sýndesmos*). Bis in die Neuzeit wird sich die Achtzahl halten. Die Reihenfolge ist nicht unwichtig, denn Dionysios trennt flektierbare (die ersten fünf) von nicht flektierbaren (die letzten drei) Wortarten. Die stoische Unterscheidung von Eigen- und Gattungsnomen macht er rückgängig. Grundlegend neu ist, dass die beiden Hauptkategorien, Nomen und Verb, in erster Linie formal unterschieden werden: Nomen flektieren nach dem Kasussystem, Verben nicht.

*Nomen-Klassifikation*

Das Nomen versteht Dionysios in herkömmlicher Weise als „Name" für Personen, Dinge, Handlungen oder Eigenschaften, weshalb auch das Adjektiv eingeschlossen ist. Die Vielzahl der Unterteilungen innerhalb der Nomen-Klasse nimmt einen großen Teil des Textes ein. Zunächst systematisiert Dionysios die (sekundären) Kategorien des Nomens. Dabei kommen zu den bis heute gängigen, Geschlecht (*génos*, lat. *genus*), Anzahl (*arithmós*, lat. *numerus*) und Fall (*ptōsis*, lat. *casus*), die beiden Subkategorien Art (*eidos*, lat. *species*) und Gestalt (*schēma*, lat. *figura*) hinzu. Die Gestalt unterscheidet Wörter nach ihrer Bauart: Sie können demnach entweder einfach (z. B. *Feuer*), zusammengesetzt (*Feuerteufel*) oder doppelt zusammengesetzt sein (*Feuerteufelchen*). Die Einteilung der Nomen nach ihrer Art (*eidos*) ist komplexer, aber auch verwirrender. Zunächst handelt es sich nur um die Unterscheidung von ursprünglichen (prototypischen) und abgeleiteten (derivativen) Nomen. Die abgeleiteten Nomen werden in wiederum sieben Klassen unterteilt. Daneben existiert – vielleicht ein Ergebnis der Kompilation – eine konkurrierende Einteilung in 24 Nomenarten. Dem Verb ordnet Dionysios acht (sekundäre) Kategorien zu. Neben Zeit (Präsens, Vergangenheit, Zukunft), Person (erste, zweite, dritte) und Zahl (Singular, der im Altgriechischen gebräuchliche Dual, Plural) sind das die beiden schon vom Nomen her bekannten Kriterien Gestalt (einfach, zusammengesetzt, doppelt zusammengesetzt) und Art (einfach, abgeleitet). Hinzu kommen noch die fünf Modi (Indikativ, Imperativ, Optativ, Konjunktiv und Infinitiv), drei Aktionsarten (das Griechische kennt einen aktiv-passiven Zwischenzustand) sowie die Konjugation.

*Verb-Klassifikation*

Der zentrale Aspekt der Syntax bleibt bei Dionysios allerdings komplett ausgespart. An diese wagt sich erst im 2. Jahrhundert n. Chr. – mithin am Ende der Epoche der griechischen Sprachtheorie – ein anderer alexandrinischer Grammatiker, der allerdings auf Dionysios Thrax aufbaute: Apollonios Dyskolos. Apollonios versuchte, die verschiedenen Wortformen aus Grundformen zu deduzieren. Der Nominativ etwa galt ihm als Basisform der verschiedenen Kasus, das Maskulinum als Basisform der Genera, der Indikativ als Basisform für die Modi etc. Eine solche Methodik führt zwangsläufig zur Auszeichnung des Infinitivs, der hinsichtlich Person, Numerus und Modus vollkommen unbestimmten Form. So erkennt Apollonios in allen Verbformen, die Modi aufweisen das Ergebnis einer Verdichtung. Die Ursprungsversion bestehe aus einem Satz mit Infinitivkonstruktion und zweitem Verb, welches im Modus aufgegangen sei. Im Falle des Imperativs *Komm!* hieße die ausgeschriebene Fassung also: *Ich befehle dir, zu kommen.* Die Ausdrücke werden durch diese Operation zwar länger, formal aber handlicher, da sie nun analog konstruiert und auf den Infinitiv reduziert sind. Die Theorie des Appollonios stellt letztlich freilich eine Ausweitung der

*Apollonios Dyskolos*

*Syntax als Entkomprimierung*

Wortarten-Grammatik dar. Alle Wortarten werden mit Blick auf ihre harmonische Zusammenfügung zu Sätzen betrachtet: eine eher starre und kombinatorische Syntax. Wohlgeformtheit von Sätzen im Sinne der Kongruenz ist denn auch das wichtigste Kriterium. Die Minimalbestandteile eines Satzes sind wiederum Nomen und Verb. Doch die grammatischen Funktionen selbst interessieren Appollonios nur begrenzt: Subjekt, Objekt, Prädikat oder Attribut kommen in seiner Theorie nicht vor. Die stoische Vorlage einer semantisch argumentierenden Satzlehre wird also nicht weitergeführt.

**Merksatz**

Das klassifikatorische Inventar der traditionellen Grammatik (bis zum 19. Jahrhundert) ist zu großen Teilen bereits in der griechischen Grammatiktheorie beisammen. Entwickelt werden sie vor allem von den so genannten Analogisten (Aristarchos und Dionysios Thrax). Wenig berücksichtigt wird allerdings die Syntax.

## 2.3 Römische Grammatik

*Römische Adaption*

Die Neuerungen, welche die Römer dem griechischen Grammatik-Standard hinzufügten, beschränkten sich auf Verfeinerungen und kleinere Abwandlungen im Zuge der Übertragung des etablierten Systems auf die lateinische Sprache. Dabei gingen sie so ehrfurchtsvoll vor, dass selbst Regeln der griechischen Grammatik beibehalten wurden, die im Lateinischen gar keinen Gegenstand hatten. Nicht einmal der lateinische Begriff für die griechische „grammatica“, „litteratura“, vermochte sich durchzusetzen. Gleichwohl entstanden im lateinischen Kontext die umfangreichsten und bedeutendsten *Artes grammaticae.* Sowohl die alexandrinisch-philologische wie die pergamenisch-rhetorische Grammatiklehre hatte Einfluss auf die römische Entwicklung. Rhetoriker wie Quintilian (ca. 35–100) waren sehr an Sprachrichtigkeitsfragen interessiert. Sie legten im Gegensatz zu den puristischen Systematikern die Gewohnheit zugrunde, das aber hieß: die Norm einer Elite (*consensus eruditorum*). Der Lehrer und Redenschreiber Aelius Praeconinus, genannt Stilo, war der erste bedeutende Vertreter grammatischer Gelehrsamkeit lateinischer Provenienz. Er stand in stoischer Tradition. Zu Stilos Schülern gehörten Cicero und Varro. Die meisten römischen Grammatiken weisen spätestens vom ersten nachchristlichen Jahrhundert an einen festen dreistufigen Aufbau auf und beinhalten jeweils einen phonologischen, einen morphologischen und einen rhetorischen Part: Lautlehre, Formenlehre, Stilistik.

*Marcus Terentius Varro*

Einer der größten Polyhistoren der römischen Welt war Marcus Terentius Varro (116–27). Bis vor wenigen Jahrzehnten wurde seine Bedeutung für die römische Wissenschaft stark unterschätzt. Dabei stellt seine zu etwa einem Viertel erhaltene Schrift *Über die lateinische Sprache* (*De Lingua Latina*) einen Höhepunkt der antiken Sprachtheorie dar. Methodisch orientiert sich Varro an abstrakten Wissenschaften, vor allem an der Mathematik. Der Zentralbegriff seiner Grammatik lautet *declinatio*, ein vielleicht verwirrender Terminus, denn gemeint ist nicht, was heute unter Deklination verstanden wird, sondern jede morphologische Variation von Wörtern. Die *declinatio* ist für Varro nur im Bereich der Worterfindung außer Kraft gesetzt. Die nähere Systematisierung der Wortbildungsprozesse geht weit über alle Vorgänger hinaus: Unterschieden wird zwischen Derivation (*declinatio voluntaria*), die meist anomal verläuft, und Flexion (*declinatio naturalis*), die der Analogie folgt. Die Flexion wiederum differenziert sich nach Deklination des Nomens (allerdings nach aristotelischem Schema: Vokativ, modaler Ablativ, Akkusativ, Ablativ der Trennung, Dativ, Genitiv) und – ganz neu – Konjugation des Verbs, die ansatzweise richtig erfasst ist. Varro selbst bezeichnet seine Position als Vermittlung von analogistischer und anomalistischer Lehre, die – seiner Darstellung zufolge – im Streit gelegen haben sollen. Er ist jedoch eher als gemäßigter Analogist zu bezeichnen, auch wenn der Anomalie ein Platz bei der Wortschöpfung und bei der Derivation eingeräumt wird. Viel bedeutender ist die Flexion, die als naturgegebene, analogische Beugung von morphologisch veränderbaren Wörtern erscheint. Die unregelmäßige Flexion wird von Varro bekämpft.

*Declinatio*

*Formale Wortarten-Klassifikation*

Bei den Wortarten (*partes orationis*) unterbreitet Varro einen einzigartigen Vorschlag, dessen Zeit erst in der Moderne kommen sollte. Er setzt eine radikal morphologische Systematik an, die jede semantische oder funktionale Bestimmung zu umgehen versucht. Flektierte Wörter werden auf vier Klassen verteilt, wobei nur zwei Kriterien ausschlaggebend sind: Tempus und Kasus. Es gibt demnach Wörter, die Kasus- und Zeitmarkierung aufweisen (diese Gruppe entspricht den Partizipien), solche, die keine von beiden Markierungen besitzen (diese Gruppe entspricht den Adverbien), oder solche, die entweder nur zeitmarkiert (diese

Gruppe entspricht den Verben) oder nur kasusmarkiert sind (die letzte Gruppe entspricht den Nomen inklusive der Adjektive). Das Merkmal ‚Analogie' können nur Wörter innerhalb einer Klasse aufweisen.

Für eine gewisse Zeit trat nach dieser Klassifikationsleistung eine Stagnation ein. Die nachfolgenden Grammatiker beschäftigten sich vornehmlich mit der Synthese oder auch nur der Synopse der vorhandenen Kenntnisse, weniger mit der Weiterführung der *Schulgrammatik* Theorie selbst. Die Verlagerung der Disziplin in den Bereich der Schule ging zudem mit Bemühungen um eine Standardisierung einher: Die pädagogisch orientierte *Schulgrammatik* bildete sich heraus. Als prototypisch hat etwa die berühmte *Grammatik* (*Ars grammatica*) des Marius Plotius Sacerdos (3. Jahrhundert) zu gelten. In der Mitte des 4. Jahrhunderts kompilierte der in Byzanz beheimatete Grammatiker Flavius Sosipater Charisius die bis dahin umfangreichste Grammatik überhaupt, ohne dass inhaltlich die Tradition überstiegen würde. Doch Umfang alleine macht noch keinen Bestseller, ganz im Gegenteil.

*Donatus* Das von der Spätantike bis in die Frühe Neuzeit gültige Standardmodell einer Schulgrammatik lieferte etwa zeitgleich mit Charisius der in Rom lebende Aelius Donatus. Seine oft kommentierte *Ars grammatica* besteht aus zwei mehr oder weniger separaten Schriften. Die so genannte *Ars maior* stellt eine vollständige Grammatik nach dem römischen Typus (mit dreistufigem Aufbau) dar. Die *Ars minor* dagegen ist eine didaktische Kurzversion allein des morphologischen Parts: Auf wenigen Sei- *Ars minor* ten beschränkt sie sich auf eine Erklärung der Wortarten. Diese nach 1100 unabhängig von der großen Schrift tradierte kleinere Grammatik war es, die zum grammatischen Universalmodell Europas avancierte. Ihr streng normativer Aufbau folgt stilistisch dem didaktischen Frage-Antwort-Schema: „Wieviele Wortarten gibt es? Acht. Welche? Nomen, Pronomen, Verb, Adverb, Partizip, Konjunktion, Präposition, Interjektion." Diese *partes orationis* werden sodann nacheinander durchmustert.

Trotz der Kürze und Traditionsgebundenheit ist Donatus in manchen Details innovativ. Er kennt (anders als Protagoras, Aristoteles und die deutschen Grammatiken seit dem 17. Jahrhundert) nicht drei Genera der Nomen, nicht fünf, wie zu seiner Zeit gebräuchlich, und auch nicht sieben, wie später Priscianus, sondern vier: Neben Maskulinum, Femininum und Neutrum nennt er das Genus Commune (gemeinsames Geschlecht). Das Commune bezog sich auf Nomen, die Maskulina und Feminina zugleich waren (Beispiel: *canis*) oder gar Maskulina, Feminina und Neutra (Beispiel: *felix*), was von anderen als Genus Omne bezeichnet wurde. Die Fortschrittlichkeit aber zeigt sich weniger in der Systematik als darin, das Genus nicht durch Engführung mit dem biologischen Geschlecht (Sexus), sondern rein formalgrammatisch zu erklären. Da die Endungen nicht immer aussagekräftig sind, unterscheidet Donatus das Genus über den Weg der Kongruenz: Die mögliche Beifügung der Pronomen *hic, haec* oder *hoc* – gewissermaßen der lateinische Ersatz für unsere Artikel – ist ausschlaggebend.

*Augustinus*

Als Transmissionsfigur sorgte im späten vierten Jahrhundert Aurelius Augustinus (354–430) für die Forttradierung der antiken Sprach- und Grammatiktheorie ins Mittelalter, wenn auch, wo immer möglich, ins Christliche gewendet. Der Kirchenvater, Rhetorikprofessor und Grammatiklehrer entwickelte eine komplexe Zeichenlehre (Semiotik). Das erlaubte nicht zuletzt einen theoriegeleiteten, distanzierten Zugriff auf die Grammatik. Die große Zeit der Semiotik aber sollte erst im späteren Mittelalter anbrechen.

**Definition**

Mit *Semiotik* bezeichnet man ganz allgemein alle Zeichentheorien und Zeichenlehren. Als wichtigstes zu erforschendes Zeichensystem gilt dabei gemeinhin die natürliche Sprache. Verwandt, aber kaum gebräuchlich, sind die Bezeichnungen *Semiologie* und *Sematologie*. „Semiologie" nennt Ferdinand de Saussure (1916) die Analyse des gesellschaftlichen Umgangs mit Zeichen, was heute als Teil der Sozialpsychologie gilt. In ähnlicher Weise spricht Karl Bühler (1934) von „Sematologie"

*Priscianus*

Als Vollender der antiken Grammatik gilt der im 6. Jahrhundert n. Chr. in Konstantinopel lehrende Priscianus. Unter Heranziehung der griechischen Tradition fügte dieser ein noch Charisius an Umfang übertreffendes Lehrgebäude der Grammatik zusammen, die *Institutio grammatica*. Dieser achtzehnbändige *Priscianus* (wie es bald metonymisch hieß) bildete als Ergänzung zum *Donatus* den grammatiktheoretischen Maßstab für das kommende Jahrtausend. Der Text ist nicht aus einem Guss, weil Partien vorab publiziert worden sind. Im Zentrum steht wieder die Morphologie. Nicht integriert sind Stilistik und Metrik, während die Phonologie noch eine Rolle spielt. Dafür bietet Priscianus allerdings eine Satzlehre. Diese, Abschluss und Höhepunkt des Werkes, wurde im Mittelalter auch gesondert tradiert als *Klei-*

*ner Priscianus* (*Priscianus minor*). Die ersten 16 Bücher waren als *Großer Priscianus* (*Priscianus maior*) im Umlauf. Komplexe Satzstrukturen werden von Priscianus nach dem Muster des Apollonios auf gleichförmige (analoge) Satzmuster herunterprojiziert. Priscianus durchschaut auch bereits die Konstruktion des Ablativus absolutus.

**Definition**

Die *Semantik* befasst sich mit Sinn (sprachintern) und Bedeutung (Beziehung zur Welt) von Sprache und sprachlichen Zeichen. Der früher ebenfalls in dieser Weise gebräuchliche Terminus *Semasiologie* bezeichnet heute einen Teilbereich der Semantik, der sich mit einzelnen Wortbedeutungen und ihren Veränderungen befasst (im Gegensatz zur *Onomasiologie*: Analyse der Benennungen).

Inhaltlich aber ist der Verfasser der umfangreichsten Grammatik der Antike geradezu ein Epigone. Die Betrachtungen zu den Wortarten verbleiben ganz im traditionellen Rahmen. Neu sind allenfalls die (vielen) Beispiele. Durch Aufnahme aller greifbaren Ergebnisse stellen sich manche Details sehr differenziert dar. So werden beispielsweise sieben Genera der Nomen unterschieden: Maskulinum (männliches Geschlecht), Femininum (weibliches Geschlecht), Neutrum (sächliches Geschlecht), Commune (gemeinsames Geschlecht), Omne (allgemeines Geschlecht), Promiscuum (gemeinsames, ungesondertes Geschlecht: im Gegensatz zum Commune nicht durch formale Markierungen erkennbar) und Dubium (schwankendes Geschlecht). Einflussreich aber war – im Vergleich mit Donatus – besonders die Orientierung am Sexus, dem biologischen Geschlecht. Von hier aus führt ein direkter (Irr-)Weg über Grammatiker wie Melanchthon bis in die Neuzeit. Positiv zu vermelden bleibt, dass Priscianus stärker als je zuvor die Bedeutung von Ausdrücken einbezieht (Semantik). In erster Linie aber ist es die Vermittlungsleistung, auf der Priscianus' Ruhm gründet. Wir besitzen noch heute mehr als tausend Manuskripte der *Institutio grammatica*, was ihre einzigartige Verbreitung eindrucksvoll dokumentiert.

*Genus und Sexus*

**Merksatz**

Die römische Grammatik ist eine Fortführung der griechischen Grammatik. Ihre Bedeutung liegt nicht in der Innovation, sondern in der didaktischen Aufbereitung des sprachtheoretischen Wissens. Donatus und Priscianus sind die größten Autoritäten der traditionellen Grammatik.

## Literatur

**Griechische Grammatik:**

Ax, Wolfram (1986): *Laut, Stimme und Sprache. Studien zu drei Grundbegriffen der antiken Sprachtheorie.* Göttingen: Vandenhoeck & Ruprecht.

Blank, David L. (1982): *Ancient Philosophy and Grammar. The Syntax of Apollonius Dyscolus.* Chico, CA.: Scholars Press.

Ildefonse, Frédérique (1997): *La naissance de la grammaire dans l'antiquité grecque.* Paris: Vrin.

Robins, R[obert] H[enry] (1993): *The Byzantine grammarians. Their place in history.* Berlin/New York: Mouton de Gruyter.

Schmidt, Rudolf T. (1979): *Die Grammatik der Stoiker.* Einführung, Übersetzung und Bearbeitung von K. Hülser, mit einer kommentierten Bibliographie der stoischen Sprachwissenschaft (Dialektik). Braunschweig/Wiesbaden: Friedrich Vieweg & Sohn.

**Römische Grammatik:**

Beck, Jan-Wilhelm (1996): *Zur Zuverlässigkeit der bedeutendsten lateinischen Grammatik: die ‚Ars' des Aelius Donatus.* Stuttgart: Steiner.

Holtz, L[ouis] (1981): *Donat et la tradition de l'enseignement grammatical: étude sur l'Ars Donati et sa diffusion (IVe–IXe siècle) et édition critique.* Paris: CNRS Éditions.

Lepschy, Giulio (Hg.) (1994): *History of Linguistics. Vol. II: Classical and Medieval Linguistics.* London/New York: Longman

Robins, R[obert] H[enry] (1951): *Ancient & Medieval Grammatical Theory in Europe.* London: G. Bell.

Taylor, Daniel J. (1975): *Declinatio: A Study of the Linguistic Theory of Marcus Terentius Varro.* Amsterdam: Benjamins.

Taylor, Daniel J. (Hg.) (1987): *The History of Linguistics in the Classical Period.* Amsterdam/Philadelphia: Benjamins.

# Die *Alte Grammatik* 3

Übergang der Grammatiktheorie von der Spätantike zum Frühmittelalter – Logik als neue Leitdisziplin im Hochmittelalter – Spekulative Grammatik – Universalismusgedanke – Rationale Grammatik – Grammatik von Port-Royal – (Deutsche) Allgemeingrammatiken – Einfluss des Empirismus – Sprachtheorie Wilhelm von Humboldts – Indogermanistik – Historische Grammatik – Lautgesetze und Sprachorganismus – Junggrammatik – Bedeutung der Rede (*parole*)

## Mittelalterliche Komplexitätszunahme: Logische Grammatik 3.1

Die antike Vorstrukturierung des Grammatikdiskurses war fundamental. Das neuzeitliche Verständnis der Grammatik beruht jedoch maßgeblich auf sprachlogischen Vorstellungen, die erst das europäische Hochmittelalter ausprägte. Die Anfänge der mittelalterlichen Grammatik unterschieden sich allerdings nur wenig von der spätantiken Tradition. Die römische Sprachwissenschaft hatte – methodisch gesehen – drei Arten von Grammatiken hervorgebracht. Sie bestanden allesamt fort. Die erste Gruppe bilden pädagogisch-systematische Elementar- oder Schulgrammatiken, entweder in knapper Form (Donatus) oder als erweiterte Traktate, wie sie etwa Diomedes, Charisius oder Priscianus verfasst haben. Im Frühmittelalter kamen spezielle Erweiterungen der Schulgrammatik hinzu. Daneben hatte sich eine zweite Form etabliert, die anhand von Paradigmen zu zeigen beabsichtigte, wie das zentrale Analogie-Prinzip funktioniert. Diese meist auf die Flexion beschränkten Grammatiken (auch: *regulae*-Grammatiken) hatten keine Vollständigkeit zum Ziel. Sie dienten als spezielle Referenzwerke und behandelten einzelne Redeteile: Eutyches allein das Verb, Phocas Verb und Nomen. Auch ein kurzer Text des Priscianus, die *Institutio de nomine et pronomine et verbo*, gehört zu diesem Typus. Eine dritte Gruppe bildeten die teilweise sehr umfänglichen Kommentare zu den schulgrammatischen Standardtexten, besonders zu Donatus, die vom 4. Jahrhundert an verbreitet waren.

*Frühmittelalterliche Schulgrammatik*

*Regulae-Grammatiken*

*Grammatikkommentare*

Die Adaptionsphase dauerte bis zum 9. Jahrhundert. Ganz ähnlich wie beim Übergang von der griechischen zur römischen

Grammatik wurden die lateinischen Schriften den neuen Verhältnissen angepasst, die sich erheblich verändert hatten. Mit der Etablierung der Römischen Kirche war auch die lateinische Sprache in die verschiedenen europäischen Reiche vorgedrungen und hatte sich zur universalen (Zweit-)Sprache entwickelt. Der Kirchenvater Hieronymus (ca. 345–419), ein Schüler des Donatus, legte mit seiner Bibelübersetzung (der so genannten *Vulgata*) das Fundament für das mittelalterliche Gelehrtenlatein. Der Grammatik kam unter theologischer Prämisse eine ungewohnte Rolle zu: Sie galt als Schlüssel zum Wort Gottes. Theologische und grammatische Kommentierungen sind im frühen Mittelalter kaum zu unterscheiden. Schnell zeigte sich indes ein grundsätzliches Problem: Der Sprachstand der *Vulgata* war der des vierten nachchristlichen Jahrhunderts, während die Grammatiken des Donatus und des Priscianus – nach wie vor die höchsten fachlichen Instanzen – sich am klassischen Latein ausrichteten. Diese Diskrepanz zwischen den Autoritäten musste überbrückt werden. Weil es noch kein Bewusstsein für die Historizität von Sprache gab, fiel die Korrektur meist zugunsten der göttlich autorisierten *Vulgata* aus. Die Tradition der modifizierten Elementarlehrbücher im Hinblick auf Lateinunterricht und Bibelstudium begann auf den Britischen Inseln. Im 7. und 8. Jahrhundert zogen karolingische Gelehrte nach. Alkuin (ca. 730–804), seit 781 Leiter der kaiserlichen Hofschule Karls des Großen, leitete eine erste Rückbesinnung auf die antike Tradition ein und ließ in den Kloster- und Domschulen den Grammatikunterricht einführen. Auch die hellenistisch beeinflusste Grammatiktheorie im arabischen und im byzantinischen Raum entwickelte sich zu dieser Zeit weiter und ging bald eigene Wege. Vom 10. Jahrhundert an tauchen im europäischen Raum erste Grammatiken in den Volkssprachen auf.

*Grammatik und Theologie*

*Grammatikunterricht*

Zur Standardvarietät allerdings entwickelte sich das Lateinische im Mittelalter nirgends. Es blieb (universale) Zweitsprache. Nicht zuletzt aus diesem Umstand fehlt mittelalterlichen (Latein-)Grammatiken eine pragmatische Dimension. Das mittelalterliche Bildungssystem schrieb indes die Rolle der Grammatik als erste der *Sieben freien Künste* und damit als Grundlage des höheren Wissens fest. Auch das geschah in Fortführung der römischen Tradition. Der Name Donatus wurde im Mittelalter geradezu als Synonym für Grammatik verwendet: Mit der *Ars minor* übte ein Erstklässler den Gebrauch der verschiedenen Satzteile ein, die *Ars maior* diente neben dem *Priscianus* als

*Sieben freie Künste*

Referenzwerk. Die mittelalterliche Grammatik gliedert ihren Gegenstand im Allgemeinen nach den Hauptaspekten Buchstaben (*littera*), Silben (*syllaba*), Redeteile/Wortklassen (*partes orationis*) und Satzkonstruktion/Syntax (*constructio*). Auch Metrik sowie stilistische Eigenheiten (etwa die Figurenlehre) gehörten zu einer vollständigen Grammatik. Die Verbindung mehrerer Redeteile zu einem Syntagma erfordert nach mittelalterlichem Verständnis eine gewisse Übereinstimmung (*congruitas*) der Worte sowie bestimmte Minimalbedingungen eines Sinn machenden Satzes (*perfectio*).

*Spekulative Grammatik*

Noch bis in die Neuzeit waren didaktische Schulgrammatiken in Gebrauch. Die Theorie jedoch wurde in anderen Abhandlungen weiterentwickelt. Dabei stellte den entscheidenden Schritt zur Logisierung die scholastische *spekulative Grammatik* dar, die auf semiotischen Überlegungen aufbaute. Die logische Dimension war seit Platon und Aristoteles in der Sprachtheorie angelegt. Doch obwohl die sprachlichen Disziplinen anfänglich nur idealtypisch gegeneinander abgegrenzt waren, sich Rhetorik, Grammatik und Dialektik (zunächst weitgehend identisch mit der Logik) also vielfach überlagerten, hatte bis zum 9. Jahrhundert keine terminologisch wünschenswerte Applikation der Dialektik auf die Grammatik stattgefunden. Es war vor allem die Unterscheidung von Benennungs- und Bedeutungsfunktion des Zeichens, die zu entsprechenden spekulativen Theorien führte. Für die erste Ausweitung der logischen Disziplin in dieser Hinsicht war maßgeblich Johannes Scotus (Eriugena) verantwortlich. Vom 10. Jahrhundert an kam es zu einer großen Aristoteles-Renaissance (zunächst vermittelt durch seinen Übersetzer Boethius), in deren Gefolge die Logik einen ungleich höheren Stellenwert zugesprochen bekam. Dieser Trend wurde noch verstärkt durch die im 12. Jahrhundert wiederentdeckten physikalischen und metaphysischen Aristoteles-Schriften, welche über die arabische Tradition ins Abendland zurückgelangten. Eine durchgreifende Logisierung der Grammatik zeichnete sich ab: In der Frühphase der Scholastik übertrug man etwa die Konzepte von Subjekt und Prädikat auf die Sprache, untersuchte erstmals in dieser Konzentration Subjekt- und Prädikatfunktionen im Satz. Auch konnten in logischer Perspektive Adjektiv und Substantiv klar geschieden werden, insofern das Substantiv eine Substanz bezeichnet (*nomen substantiale*), das Adjektiv dagegen etwas in oder an dieser Substanz (*nomen adiectivum*). Dies war nur der erste Schritt. In der Hoch- und Spätscholastik entstanden von Ari-

*Aufschwung der Logik*

*Scholastik*

stoteles unabhängige Logikgebäude, welche die grammatischen Modelle vollständig in sich aufnahmen. Immerhin teilten sich schließlich beide Disziplinen dasselbe Untersuchungsmaterial, weshalb die Grammatik bald als Schlüssel zum menschlichen Geist gelten konnte. Hatten sich zuvor Theologie und Grammatik einander angenähert, waren fortan Grammatik und Logik enge Verbündete, nur durch eine Nuance unterschieden: Während die Grammatik im strengen Wortsinn allein die formale Korrektheit einer sprachlichen Konstruktion überwachte, drehte sich in der Logik alles um den Wahrheitswert von Aussagen. Priscianus wurde als Referenztext vom 12. Jahrhundert an wichtiger als Donatus.

*Semiotische Innovationen*

Der Zentralbegriff der hochscholastischen Sprachphilosophie ist das *Bezeichnen* (*significare*). Im dreistelligen Relationsgefüge (Zeichen *von* etwas *für* jemanden) überwog – bis zu Roger Bacon – der Bezug auf das Signifikat (Zeichen *von* etwas), also die augustinische Semiotik. Innerhalb derselben galt wieder ein Dreierschema (*vox – conceptus – res*) als Grundlage, wie es Aristoteles in *Über die Interpretation* entwickelt, genauer: wie Boethius es verstanden hatte: „Es sind also die gesprochenen Laute Zeichen der in der Seele hervorgerufenen Empfindungen". Der je individuelle *Stimmton* (*vox*) konnte also auf die beiden für alle Menschen gleichen (und insofern universalen) Größen *seelisch-geistiger Eindruck/Begriff* (*conceptus*) oder *äußere Dinge* (*res*) bezogen werden. Im 12. und 13. Jahrhundert hielt sich die Vorstellung einer realen Abbildung der Wirklichkeit durch Begriffe. Auf die äußeren Dinge bezog sich das sprachliche Zeichen demnach nur indirekt, nämlich vermittelt über den Begriff, der in diesem Fall nichts anderes war als das ‚Wesen' der betreffenden Sache. Der Umweg über den Geist schien zwingend, schließlich standen die Wörter nicht einfach für die Dinge an sich, sondern für eine jeweilige Sicht dieser Dinge. Man verstand dies so, dass die Wörter und Sätze unabhängig von der Lebensdauer der bezeichneten Sache existierten. Auch wenn Caesar längst tot war, konnte er Gegenstand eines Satzes sein, insofern sich der Satz nicht auf Caesar als Person, sondern als Begriff bezog. Den Bezug von Wörtern auf den Begriff nannte man *significare*, die indirekte Bezugnahme auf die Welt *appellare* oder *nominare*. Dieses semiotische Modell konterkarierte Roger Bacon (ca. 1212–1292). In Opposition zu jener auf Augustinus und Boethius rekurrierenden Semiotik, die das Zeichen (über den Umweg des Begriffs) real an das Bezeichnete bindet, entwickelt Bacon in seiner umfangreichen Schrift *Über*

*Signifikation und Appellation*

*die Zeichen* (*De signis,* ca. 1267) eine Zeichentheorie, in welcher der Rezipient im Mittelpunkt steht. Als einer der ersten Sprachphilosophen brachte Bacon auch den Universalismusgedanken in die Diskussion ein, weil er davon ausging, dass die Grammatik dem Wesen nach in allen Sprachen dieselbe sei.

Der Übergang der Grammatik von einer Kunst (*ars*) zur Wissenschaft (*scientia*) bescherte ihr den Rang einer eigenständigen Theorie neben Mathematik, Physik und Metaphysik. Eigenständige Wissenschaften zeichnen sich laut Aristoteles durch eine Menge von „ersten Prinzipien" aus, auf die alle weiteren Schlüsse zurückgeführt werden können. Die ersten Prinzipien der Grammatik erkannten die Logiker des 12. Jahrhunderts in den Bezeichnungsweisen, den *modi significandi.* Damit waren allgemeine Konstruktionsgesetze gemeint, die festlegten, welche Zusammenstellungen von Ausdrücken möglich waren und welche nicht. Die zentrale Hypothese der spekulativen Grammatik unterstellt einen direkten Regel-Zusammenhang von Sprache, Denken und äußerer Welt. Grammatische Gesetzmäßigkeiten schienen demnach außerlinguistisch legitimiert: durch die Denkstruktur oder die Natur der Dinge. Die Annahme der Gleichförmigkeit von Welt- und Sprachbau basiert letztlich auf der Idee eines göttlichen Gesamtplans. Man rechnet Grammatiker dieses Zuschnitts meist zu den *Realisten,* auch wenn ihr eigentlicher Gegenstand nicht die Realien sind, sondern die Zeichen. Zuerst findet sich die Vorstellung der Bezeichnungsweisen – eine funktionale Erklärung der Redeteile – bei Petrus Helias. In seiner *Summa super Priscianum* (ca. 1146) orientieren sich die Definitionen der Wortarten an der Bedeutung der Wörter, nicht an ihrer Gestalt. An diese neuartige Erklärung sowie an den Universalismusgedanken Bacons schließen im 13. Jahrhundert die so genannten Modisten an.

*Modi significandi*

*Modisten*

Bei den Modisten handelt es sich um eine Gruppe von Grammatikern an der Pariser Universität, die nach der Leitkategorie ihrer Lehre, dem *modus significandi,* bezeichnet werden. In Erscheinung treten sie um das Jahr 1270, als Martinus de Dacia der wissenschaftlichen Öffentlichkeit ein so elaboriertes Sprachmodell präsentiert, dass erstmals von einer allgemeinen Linguistik gesprochen werden kann. Die Sprachlehre ist jedoch in einer eigentümlich mittelalterlichen Ontologie fundiert. Ihren Höhepunkt erlangt die modistische Bewegung mit der Schrift *Tractatus de modi significandi sive grammatica speculativa* des Thomas von Erfurt zu Beginn des 14. Jahrhunderts. Die Modisten hatten erkannt, dass die traditionelle Grammatik an eine Grenze gestoßen war. Die Wortarten waren durch morphologische Kennzeichen und vagen Sachbezug (zum Beispiel: Nomen bezeichnen Substanzen) unterbestimmt. Wortarten, die sich auf denselben Sachverhalt bezogen, ließen sich so nicht hinreichend voneinander abgrenzen: Die Kernbedeutung von *freuen, Freude, freudig* war beispielsweise immer dieselbe. Die Modisten griffen daher auf die semiotischen Theorien der Zeit zurück und unterschieden zwei Bedeutungsebenen in allen Äußerungen: Neben einer primären Kernbedeutung (*significatio*) sei immer auch die sekundäre Mit-Bedeutung (*consignificatio*) des Zeichens zu finden, die mit dem semantischen Substrat selbst nichts zu tun habe. Dieser über die Kernbedeutung hinausweisende informative Mehrwert bildet den *modus significandi*. Vereinfacht lässt sich dies als Unterscheidung zwischen der Bedeutung eines Ausdrucks und der grammatischen Kategorie verstehen.

*Kernbedeutung und Mitbedeutung*

*Isomorphie-These*

Die modistische Argumentation parallelisiert also Dinge, Denken und Sprache: Jedes Ding (*res*) besitzt als Grundformen seiner Existenz allgemeine Eigenschaften (*modi essendi*) wie Substanz, Allgemeinheit usf. Im menschlichen Geist, dem Denken, werden die Dinge/Sachen erkannt und repräsentiert durch Begriffe, deren strukturelle Eigenschaften (*modi intelligendi*) den Eigenschaften der Sache genau entsprechen, sie sind ganz reale *Eindrücke* von der Sache. Das gesprochene Wort (*dictio*) ist die – konventionelle – Bezeichnung einer Sache beziehungsweise ihres Begriffs. Es drückt an sich aber noch nicht das *Wie* dieser Sache aus, das vielmehr zur *dictio* hinzutritt durch die im Ausdruck immer mitenthaltenen *modi significandi*. Diese allerdings, das ist der springende Punkt, sind nicht konventionell, sondern notwendig. Die „Bezeichnungsweisen" haben Einfluss auf die Wortart und auf syntaktische Momente wie Numerus und Casus etc. Das Spekulative an dieser Form der Grammatik besteht also in der Auffassung, der Verstand drücke den Worten aus der Erkenntnis der Seinsweise der Sachen heraus die entsprechenden Modi auf. Die Ausdrücke selbst sollen freilich zufällig zustande kommen. Doch auf die den Dingen entsprechende Zusatzmarkierung hat der Mensch keinen Einfluss. In diesem Modell ist der Universalismus schon angelegt: Seinsweise der Dinge, Denkweise des Verstandes und Bezeichnungsweise der Sprache sind universal, für alle Menschen gleich. Allein die hinzutretenden Artikulationen unterscheiden sich in den verschiedenen Sprachen. Tatsächlich erlaubte es diese Bedeutungsaufspaltung, die Wortarten aufgrund ihrer Funktionen zu definieren und zugleich ihre

Unterformen weiter zu systematisieren. Als wichtigster Modus des Nomens etwa gilt den Modisten der des Seiens (der Substantialität). Dieser wird in Modi des Allgemeinen und des Singulären unterteilt, welche weitere Unterformen aufweisen. Das Verb dagegen bezieht sich laut den Modisten auf das ‚fließende Sein', das Werden, mit seinen Unterformen.

*Modistische Syntax*

Auch auf dem Gebiet der Syntax tat sich diese Grammatikbewegung hervor. Untersucht wurden jedoch keine komplexen Konstruktionen, sondern ausschließlich Zweier-Relationen. Sätze mit mehr als zwei Gliedern passten die Modisten durch Unterteilung und Hierarchisierung dem Binärschema ein. Sämtliche Konstruktionen wurden auf diese Weise als einfache Abhängigkeitsrelationen aufgefasst. Bestimmendes (*terminans*) und abhängiges Glied (*dependens*) bilden dabei jeweils eigene kleine Einheiten. Entfernt verwandt ist das mit der modernen Dependenzgrammatik Lucien Tesnières.

*Nominalismus*

Die modistische Theorie sah sich der scharfen Kritik des Nominalisten Wilhelm von Ockham (ca. 1285/90–1348) ausgesetzt. Auf grammatiktheoretischer Ebene hatte der Nominalismus jedoch wenig an die Stelle der spekulativen Grammatik zu setzen, die daher in abgeschwächter Form bis ins 16. Jahrhundert weitergelehrt wurde. Noch auf die Renaissance-Grammatiker übte sie ihren Einfluss aus, den diese allerdings zu leugnen bemüht waren. Zeichentheoretisch hingegen untergrub der Nominalismus die Fundamente der modistischen Lehre. Ockham nämlich kappte (in Verlängerung der Argumentation Bacons) die von den Realisten oder Modisten zugrunde gelegte reale Verbindung zwischen Ding- und Vorstellungswelt. Die Grammatik hat demnach keine Basis in der Realität, ist reines Formsystem. Wichtig ist eine weitere Idee Ockhams: Sprachen und ihre Grammatiken existieren demnach extra- und intramental, wobei die mentale Sprache die konventionelle Sprache aus der Tiefe steuert. Ockham ging davon aus, dass die mentale Sprache ein Konzentrat der gesprochenen Sprache ist. Diese Sichtweise machte gemeinsam mit den grammatischen Detailstudien der Modisten den Weg frei für die neuzeitliche Wissenschaft der Grammatik.

*Extra- und intramentale Grammatik*

**Merksatz**

Die logische Sprachtheorie der Scholastik erlaubt grammatiktheoretische Präzisierungen und Differenzierungen (Substantiv/Adjektiv, Subjekt/Prädikat). Im 13. Jahrhundert entsteht erstmals eine Universalgrammatik, deren Höhepunkt die Theorie der *modi significandi* darstellt. Die Unterscheidung von Wortlaut (willkürlich gesetzt) und Bezeichnungsweise (zwingend vom Verstand hinzugesetzt) innerhalb des Ausdrucks ermöglicht die Konstatierung eines Korrespondenzverhältnisses von Dingen (Seinsweisen = *modi essendi*), Denken (Erkenntnisweisen = *modi intelligendi*) und Sprache (die Bezeichnungsweisen = *modi significandi*). Alle diese einander entsprechenden Modi sind universal. Der Nominalismus stellt diesen Weltzusammenhang infrage, hält aber an der Unterscheidung einer intra- und einer extramentalen Grammatikdimension fest.

## 3.2 Neuzeitliche Universalisierung: Allgemeine Grammatik

Nach der spätmittelalterlichen Aufrüstung des grammatischen Diskurses zur logischen Disziplin wirkt der Fortgang zu Beginn der Frühen Neuzeit eher nüchtern. Die dezidiert antischolastische Renaissance bemühte sich um Wiederherstellung der klassischen Sprachstufe. Dabei rekurrierte sie auch auf die antiken Grammatikschriften. Zugleich aber erkannte man die Geschichtlichkeit der Sprachen. Damit ging – gewissermaßen als Komplementärprojekt zur humanistischen Besinnung auf die klassischen Sprachen – eine enorme Volkssprachenbegeisterung einher. Ausgehend vom romanischen Sprachraum erfasste diese Bewegung im 16. Jahrhundert ganz Europa. Unzählige, oft eng an das Lateinische angelehnte Grammatiken für die verschiedenen Volkssprachen entstanden, die bald sogar in den nationalen Sprachen publiziert wurden. In Deutschland beginnt die Volkssprachengrammatik im 16. Jahrhundert mit so genannten *Formularbüchern*: Mustersammlungen für den Kanzleigebrauch. Die erste systematische Grammatik des Deutschen verfasste um 1530 Valentin Ickelsamer, ein Schulmeister aus Rothenburg ob der Tauber.

*Volkssprachengrammatik*

*Humanismus*

Doch das logische Erbe ging nicht verloren. Die Grammatiken der Humanisten zeigten von Beginn an wenig Berührungsängste gegenüber der modistischen Theorie. Einflüsse finden sich etwa bei Thomas Linacre (1460–1524), William Lily (1468–1522), Erasmus von Rotterdam (1469–1536), Philipp Melanchthon (1497–1560) oder Julius Caesar Scaliger (1484–1559). In methodischer Weise grundlegend war das grammatische Schrifttum des Spaniers Franziscus Sanctius Brocensis, kurz: Sanctius (1523–1600). Dieser wiederum war Überlegungen des Logikers Petrus Ramus (1515–1593) gefolgt, der in seiner strikt formalen Grammatik alle Kategorien verworfen hatte, die sich nicht in einem symmetrischen System aus Dichotomien verorten ließen. Mit den sechs Kategorien *Zahl, Geschlecht, Zeit, Vergleich, Fall* und *Person* schienen Ramus sämtliche grammatische Konstellationen beschreibbar zu sein. Eine ähnliche Verknappung findet sich auch bei Sanctius. Außerdem genügten drei Redeteile (Nomen, Verb und Partikeln) zur Erfassung der grammatischen Struktur.

*Sanctius*

Im letzten Buch unterscheidet Sanctius, weit vorausweisend, zwischen zwei Ebenen der Syntax: Der semantischen oder logischen Struktur (*oratio naturalis*) stehe eine realisierte Oberflächenstruktur (*oratio figurata*) gegenüber. Partiell findet sich eine solche Differenzierung schon bei Priscianus. Bei Wilhelm von Ockham hatte sie die Form einer Unterscheidung zwischen universal-mentaler und partikular-geäußerter Sprache angenommen. Allerdings stellte Ockhams ‚mentale Ebene' nur eine Teilmenge des Regelsets der gesprochenen Sprache(n) dar: eine Reduktion auf die logisch relevanten Merkmale (das Genus beispielsweise rechnet Ockham nicht dazu). Sanctius dagegen bestimmt die Beziehung zwischen der logischen und der aktuellen Dimension von Sprache neu. Der Blickwinkel ist gewissermaßen umgekehrt, geht vom logischen Standpunkt aus: Nach bestimmten Regeln, die zusammengenommen die jeweilige Grammatik bilden, wird die logische Tiefen- in eine aktuelle Oberflächenstruktur transformiert. Auf der Ebene der Tiefenstruktur stimmen Gedanken und Sätze überein. Zugleich ist impliziert, dass die abstrakte Ebene, bevor die Regeln überhaupt greifen können, universale Gültigkeit für alle Sprachen besitzt. Um die Transformation genauer erklären zu können, zieht Sanctius die vier Transformationsregeln heran, mit denen Varro die Wortbildung erklärt hatte: Tilgung, Hinzufügung, Permutation und Modifikation von Buchstaben. Diese werden jetzt auf Satzstrukturen angewendet: Tilgung, Hinzufügung, Permutation und Modifikation von Worten, rhetorisch ausgedrückt: Ellipse, Pleonasmus, Hyperbaton und Enallage.

*Logische und aktuelle Struktur*

In älteren Darstellungen zur Geschichte der Grammatik wird zwischen zwei theoretischen Strängen unterschieden, die sich vom frühen 17. Jahrhundert an entgegengestanden haben sollen: die abstrakten Grammatiken der Rationalisten und die

*Rationalisten und Empiristen*

erfahrungsbasierten Grammatiken der Empiristen. Es ist aber vielmehr so, dass beide Richtungen auf dem Nominalismus Ockhams fußen und viele Bezugspunkte aufweisen. Rationalisten und Empiristen strikt voneinander abzugrenzen, scheint unmöglich zu sein. Sehr wohl aber können rationalistische (abstrakte/ahistorische) und empiristische (anwendungsbezogene/historische) Aspekte oder Argumente unterschieden werden. Etwas anderes ist es auch, ob Grammatiken von Einzelsprachen oder abstrakte Universalgrammatiken untersucht werden. Letzteres hatte in der Neuzeit Konjunktur. Viele Sprachtheoretiker gingen vom 16. Jahrhundert an davon aus, dass die Entwicklung der Sprache eine notwendige und demzufolge für alle Einzelsprachen einheitliche sei. Im Vordergrund stand die Suche nach den grundlegenden gemeinsamen Gesetzen der Grammatik. Das führte zu einer Abstrahierung und Mathematisierung der Theorie. Diese Tendenz setzte sich auch in den Grammatiken der Einzelsprachen durch. Ein gutes Beispiel für eine kombinatorische, allerdings rein morphologische Sprachtheorie ist die *Ausführliche Arbeit von der teutschen HaubtSprache* (1663) von Justus Georg Schottelius (1612–1676), die wichtigste deutsche Grammatik des 17. Jahrhunderts. Schottelius orientiert sich am Modell der Elementenlehre. Grammatische Prozesse werden verstanden als Variationen von Stammwörtern, bei denen der Stammvokal idealiter erhalten bleibt, während verschiedene Endungen und Vorsilben hinzutreten. Die eminente Bedeutung dieses Ansatzes für die Syntaxtheorie erkennt Schottelius noch nicht. Große Partien der Grammatik sind vielmehr sprachpatriotisch oder poetologisch geprägt, wie sich überhaupt grammatischer Diskurs und Ursprachendebatte zu dieser Zeit vielfach überkreuzen.

*Schottelius*

*Allgemeine Grammatik*

Im weitesten Sinne synonym sind die Bezeichnungen *Allgemeine Grammatik, Rationale Grammatik, Philosophische Grammatik* oder *Universale Grammatik*, im französischen und englischen Raum auch *Grammaire générale* bzw. *General Grammar* oder gar *Natural Grammar*. In methodischer Hinsicht kann mit Blick auf Sanctius die Argumentationsrichtung als Charakteristikum gelten: Allgemeine Grammatiken gehen deduktiv, nicht induktiv vor. Man begnügte sich also nicht damit, aus einer Datenmenge Regeln abzuleiten, sondern argumentierte von der Ebene der Regeln aus. Streng genommen generalisierten die Generalgrammatiken daher nicht, sie übersprangen sogar vielfach die Empirie, zumal, wenn Abweichungen zu erwarten waren. Die Allgemeingrammatik hatte eine ideale Sprache zum Gegenstand, von der die Einzelsprachen nur unvollkommene Abschattungen zu sein schienen. Dass reale Sprachen den ausgearbeiteten Regelwerken nur bedingt korrespondierten, war den Generalgrammatikern durchaus bewusst.

*Grammatik von Port-Royal*

Keineswegs die erste, aber doch zu Recht die berühmteste rationale Grammatik stellt die *Grammaire générale et raisonnée ou la grammaire de Port-Royal* dar, die im Jahre 1660 publiziert wurde. Sie entstammte, wie schon dem Titel zu entnehmen, dem ehemaligen Zisterzienserinnen-Kloster Port-Royal bei Paris, das sich im frühen 17. Jahrhundert als wichtigstes Zentrum des radikal gegenreformatorischen Jansenismus etabliert hatte. Die Verfasser dieser Schrift, Claude Lancelot (1615–1695) und Antoine Arnauld (1612–1694), betrachten Grammatik als „Kunst des Sprechens". Wie eng man hier die Grammatik mit der Logik verschränkt sah, zeigt die komplementäre Abhandlung *Logik oder Die Kunst zu Denken* (1662). Die Gesetze des Denkens stimmen in diesen Untersuchungen mit denen des Sprechens überein: Die Verwandtschaft mit modistischen Ideen ist deutlich. Die Zeichen gelten nun jedoch als reine Erfindungen. Mit einer göttlich fundierten Gleichartigkeit von Sein, Denken und Sprechen wussten die vernunftgläubigen Grammatiker der Neuzeit wenig anzufangen. Zeichen haben für die Port-Royal-Theoretiker zwei klar geschiedene Seiten: eine physikalische (gesprochen oder geschrieben) und eine inhaltliche. Diese Aufteilung in materielle und spirituelle Momente der Sprache hat man mit einigem Recht *kartesisch* genannt, denn auch für Descartes ist die Unterscheidung von Geist (*res cogitans*) und Körper (*res extensa*) zentral.

*Kartesische Linguistik*

Die beiden Hauptprozesse des Denkens – Begreifen und Urteilen – haben für die Denker von Port-Royal ihre Entsprechungen in der Grammatik. Jedem Urteil (Beispiel: *Die Erde ist rund*) liegt demnach eine Proposition zugrunde: *Erde* und *rund* würden vom Geist zunächst begriffen, das Urteilen bringe diese Begriffe zusammen. Die Wortarten lassen sich je nach Bezugnahme auf die *Objekte* der Gedanken (das Begriffene) oder auf die *Form und Seinsart* der Gedanken (möglicherweise in Verbindung mit Objekten) in zwei Hauptklassen unterteilen. Zu der ersten Gruppe zählen Nomen, Adjektive, Artikel, Pronomen, Partizipien, Präpositionen und Adverbien. Zu der zweiten Gruppe gehören hauptsächlich die Verben, aber auch Konjunktionen und Interjektionen. Besonders das Verb genießt damit wiederum eine herausgehobene Position, denn ohne das Verb scheint ein Prozess wie Urteilen nicht möglich. Verben haben die Eigenart, etwas

*Hauptklassen der Wortarten*

zuzuschreiben, genauer: das Prädizierte zu bestätigen (*ist rund*) oder nicht zu bestätigen (*ist nicht rund*). Die affirmative Funktion ist ihnen schon eingeschrieben. Alle weiteren Kennzeichen des Verbs wie Numerus, Person und Zeit gelten demgegenüber als sekundär.

*Generaltheorie*

Die Redeteile werden nach dem Muster des Urteils logisch analysiert: Substantive entsprechen Substanzen, Adjektive Akzidentien. Artikel erscheinen als Hinzufügungen zu Nomen, Pronomen als ihre Ersetzungen. Präpositionen und zum Teil auch Adverbien zeigen (wie Fälle) Beziehungen an. Immer sind Arnauld und Lancelot in ihrer Generalgrammatik bestrebt, Gesetze zu finden, welche die bestehenden Wortarten und wohl auch – obgleich nicht weiter ausgeführt – die Syntax erklären. Alle Bestimmungen sollten dabei universal sein, für alle Sprachen Gültigkeit besitzen. Die Beispiele sind daher verschiedenen Sprachen entnommen. Arnauld und Lancelot haben freilich die rationale Grammatik weder erfunden noch auch nur neu erfunden. In vielen Punkten orientierten sie sich an der Tradition (seit den Modisten). Aber ihre Schrift entfaltete eine beachtliche Wirkung: Im 17. Jahrhundert wurde die Grammatik von Port-Royal beinahe überall in Frankreich gelehrt. Zu einer aufsehenerregenden Wiederkehr kam es in den sechziger Jahren des 20. Jahrhunderts, als Noam Chomsky die Grammatik von Port-Royal als Vorläufermodell der generativen Transformationsgrammatik bezeichnete.

**Definition**

Mit *Universalgrammatik* werden zunächst jene linguistischen Modelle bezeichnet, die davon ausgehen, dass alle Sprachen signifikante Gemeinsamkeiten aufweisen.
In der heutigen Linguistik bezeichnet der Terminus (oft abgekürzt als *UG*) jedoch meist das spezielle Konzept Noam Chomskys, in dem die gemeinsamen Eigenschaften der Sprachen auf ein allen Menschen angeborenes Inventar von grammatischen Prinzipien zurückgeführt werden. Dieses genetisch determinierte, endliche Inventar vermag in jeder Einzelsprache unendlich viele Sätze zu erzeugen (generieren).

*Tiefen- und Oberflächenstruktur*

In der Tat: Wie Sanctius setzten auch die Sprachtheoretiker von Port-Royal ein Korpus von Regeln an, welches eine semantische Struktur, den Gedankeninhalt, in die Oberflächenstruktur der jeweiligen Sprache umzuwandeln gestattete. An solche Überlegungen schloss man im 18. und frühen 19. Jahrhundert in ganz

Europa emphatisch an. Die *Allgemeine Grammatik* dominierte bald den grammatiktheoretischen Diskurs. Dabei florierten die theoriegeneigten rationalen (oder philosophischen) Grammatiken in Deutschland etwas später als in Frankreich, vor allem in der Aufklärungsepoche. Transzendentale Philosophie und Universale Grammatik wiesen einige Gemeinsamkeiten auf: In beiden Fällen war der Blick auf die Bedingung der Möglichkeit der Phänomene gerichtet. Immanuel Kant revolutionierte auch das bis dahin aristotelisch geprägte Kategoriensystem: Kategorien waren fortan nicht mehr Termini für Formen der Aussage und des Seins, sondern – als Quantität, Qualität, Relation und Modalität – Arten des logischen Urteils. Als solche gelangten sie (vorübergehend) in die Grammatik zurück. Langfristig aber blieben die grammatischen Kategorien doch in der alten Weise erhalten.

*Universalgrammatik*

In Deutschland zählt Gottfried Wilhelm Leibniz (1646–1716) zu den frühen Vertretern einer universalistischen Sprachauffassung. Auch hier bildet den Hintergrund eine strukturelle Nähe zu philosophischen Theoremen, genauer: zu seiner Monadenlehre. Leibniz setzte unabhängig voneinander existierende Einheiten (Monaden) an, die jedoch dank „prästabilierter Harmonie" (göttlicher Vorprägung) eine strukturelle Verwandtschaft aufwiesen. Auch die Universalsprache ist eine Form der prästabilierten Harmonie vor aller Vereinzelung in die unabhängigen Systeme der Einzelsprachen. Die Sprachvielfalt versuchte Leibniz im Gegensatz zu den Empiristen, von denen er gleichwohl viele Elemente übernahm, positiv zu deuten. Er begab sich allerdings nicht in die Niederungen der Grammatik selbst.

*Johann Werner Meiner*

Unter den deutschen Allgemeingrammatiken ragt die syntaxorientierte Schrift Johann Werner Meiners heraus: *Versuch einer an der menschlichen Sprache abgebildeten Vernunftlehre, oder philosophische und allgemeine Sprachlehre* (1781). Meiner interessiert sich für Hierarchien und Dependenzen und entwickelt eine Vorform der Valenzgrammatik. Einen Meilenstein der grammatischen Theorie stellt Johann Christoph Adelungs *Umständliches Lehrgebäude der Deutschen Sprache* (1782) dar. Adelung bricht mit der traditionellen Auffassung, die lateinische Grammatik stelle das optimale Strukturmodell dar. Die grammatische Systematik einer Sprache müsse vielmehr aus dieser selbst entwickelt werden. Damit ist allerdings nicht dem Vorhandensein einer idealen Universalgrammatik widersprochen. Allgemeingrammatiker hatten die angewandten Grammatiken immer strikt von dem

*Johann Christoph Adelung*

rein theoretischen Strukturmodell unterschieden. Doch die neue Methode führt zu neuen Einsichten.

Äußerst fortschrittlich nimmt sich Adelungs Kasustheorie aus. Sie ist restriktiv, indem sie nicht alle Relationen zwischen Substantiv und anderen Worten zur Grundlage macht, sondern sich auf Formveränderungen beschränkt. Relationen waren schließlich auch durch Adverbien ausdrückbar, ohne dass man dabei von einem anderen Fall auszugehen hatte. Der in Deutschgrammatiken der Zeit regelmäßig aufgeführte Ablativ ist nach Adelung nichts anderes als ein Dativ, der mit Präposition daherkommt. Auch den Vokativ streicht er von der Kasusliste. Damit bleiben die (heute üblichen) vier Fälle des Deutschen übrig. Weil es nicht gelinge, die Fälle unabhängig von einer Satzstruktur mit festen Bedeutungen zu belegen, wies Adelung der Kasusdiskussion einen Platz in der Syntax zu: Kasus haben ihre Bedeutung nur in Abhängigkeit von der Verbvalenz. Hier nimmt Adelung – gleichsam im Vorübergehen – den modernen grammatikologischen Paradigmenwechsel vorweg.

*Kategorial-semantische Wortartenbestimmung*

Auch stellt Adelung Wortarten des Deutschen in bis heute gültiger Weise zusammen (wie schon in der Einleitung dargestellt). Wichtig ist ihm dabei die saubere Trennung von morphologischen und kategorial-semantischen Begründungen. Zurückgewiesen wird etwa die verwirrende Qualifizierung des Partizips als eigenständige Wortart. Inhaltliche Gründe sind für die Ausgliederung der Numerale verantwortlich. Erst der *Duden* macht die kategorialsemantische Einteilung im Jahre 1973 wieder rückgängig, wobei erneut das morphologische Kriterium aufgewertet wird. Seither gilt *drei* wieder als Adjektiv, *drittens* als Adverb und *das Drittel* als Substantiv. Auch beim Tempus deutet sich in Adelungs Schrift eine radikale Neufassung des Systems an. Weil es im Deutschen lediglich zwei formal unterschiedene Zeitstufen gebe, Präsens und Präteritum, müsse das Tempussystem streng genommen allein auf dieser Binarität aufbauen. Doch verließ Adelung offensichtlich der Mut, denn in diesem Fall kapitulierte auch er vor der Übermacht des lateinischen Systems und hielt an Perfekt, Plusquamperfekt und Futur fest.

**Merksatz**

Im Umkreis der vernunftzentrierten Aufklärungsphilosophie etabliert sich die Allgemeine Grammatik. Sie schließt an spätmittelalterliche logische Vorstellungen (Modisten), an universalistische Sprachtheorien (Port-Royal) und an rationalistische Fundierungen der Sprache (Leibniz) an. Das formale Kennzeichen der Allgemeinen Grammatik ist die Trennung von grammatischer Struktur und Oberfläche. Der idealen Grammatik (im Geiste) wird die realisierte Grammatik (der einzelnen Sprachen) konfrontiert. Mittels Abstraktion sollen die allen Sprachen gleichermaßen zugrunde liegenden Gesetze gefunden werden.

## 3.3 Moderner Individualismus: Historische Grammatik

*Systematik versus Entwicklung*

Die universalistischen Grammatiken der Neuzeit unterscheiden das abstrakte System von seiner Anwendung, interessieren sich jedoch beinahe ausschließlich für die Idealform. Eine parallele Strömung misst von Beginn an dem historischen, individuellen Aspekt der Grammatik größeres Gewicht bei. Dieser eher geschichtliche und pragmatische Ansatz kulminiert im 19. Jahrhundert in der Historischen Grammatik. Zu den wichtigsten Vertretern einer von der Erfahrung ausgehenden Sprachlehre zählen zunächst die englischen Empiristen, Francis Bacon (1561–1626), Thomas Hobbes (1588–1679), John Locke (1632–1704) und John Berkeley (1685–1753), weiterhin französische Sensualisten wie Etienne Bonnot de Condillac (1714–1780) sowie die französischen *Idéologues* um Graf Destutt de Tracy (1754–1836). Die empiristische Grundthese lautet in Abgrenzung zu Descartes' „eingeborenen Ideen“: Alles menschliche Wissen basiert auf Erfahrungen. Der Geist generalisiert diese erst in einem zweiten Schritt. Damit entfällt die Grundlage einer allgemeinen Grammatik, die schließlich davon ausgeht, dass begriffliche Gemeinsamkeiten lediglich verschieden realisiert werden. Dem Sprachvertrauen der Allgemeingrammatiker begegneten die meisten Empiristen in der Folge mit einer grundsätzlichen Sprachskepsis. Aufgrund ihres unhintergehbar metaphorischen Charakters schien die Sprache ein Quell dauernden Missverständnisses zu sein. Die empiristische Philosophie lief auf eine deskriptive Grammatik hinaus, die eng an den Phänomenen orientiert blieb.

*Empirismus*

*Diachronie*

Die rationalistische Grammatik sah sich spätestens in der Romantik mit dem angedeuteten Paradigmenwechsel konfrontiert: Jetzt trat die (schon zuvor entdeckte) historische Dimension der Sprache in den Vordergrund. Zunächst manifestierte sich dies in der regressiven Begeisterung für die vermeintliche Ursprache, bald aber geriet die diachrone Dimension, die Entwicklung der Sprache in den Blick. Romantiker wie August Wilhelm Schlegel oder Heymann Steinthal gingen zudem davon aus, dass die Sprache auf komplexe Weise mit dem Bewusstsein verwoben war. Auch in Frankreich setzte sich mit dem Sensualismus die englisch-empiristische Richtung durch. Dafür war der Frühaufklärer Condillac verantwortlich. Die so genannten *Idéologues* sorgten um 1800 für eine weitere Radikalisierung dieses Ansatzes. Explizit wendete man sich gegen den Rationalismus mit seiner Innerlichkeit und verstand Ideen als Ergebnisse von biologischen Prozessen. Auf der Basis einer (materialistisch geprägten) Zeichenlehre schien es den *Idéologues* möglich, das gesamte Wissen zusammenzuführen. Noch allerdings betrachtete man die Sprache nicht an sich, sondern lediglich als Instrument.

*Wilhelm von Humboldt*

Dass sich die beiden Sprachmodelle, die vereinfacht als rationalistisch-universalistisch und empiristisch-partikular bezeichnet werden können, keineswegs ausschließen, beweist der für die Sprachwissenschaft zentrale Denker Wilhelm von Humboldt (1767–1835). Alles Isolierte hält Humboldt für dem Synthetischen subordiniert, auch im Falle der Sprache: Der Satz, dessen Bestandteile einem Gesamtschema folgen, sei weit bedeutsamer als isolierte Worte, auch wenn diese die längste Zeit im Fokus der Grammatik standen. An Herder, Hamann, aber auch an Locke und vor allem an Condillac orientiert, vollzieht Humboldt die Wende von der Vernunft (zurück) zur Sprache. Er stellt dabei nicht die Bedeutung der Ratio in Frage, sondern lässt sich von der pragmatischen Einsicht leiten, dass sich das Universelle allein im Individuellen zeigt. Die Sprache gilt als besonders ausgezeichneter Bezirk des Geistes, als inneres Organ des Menschen. Ursprünglich im Menschen angelegt, gehe sie allem Denken und Wahrnehmen voraus. Das drückt bereits der Titel von Humboldts (spät publizierter) Untersuchung über die Kawi-Sprache auf der Insel Java aus, deren so umfangreiche wie unübersichtliche Einleitung das sprachwissenschaftliche Hauptwerk des Autors darstellt: *Über die Verschiedenheit des menschlichen Sprachbaues und ihren Einfluss auf die geistige Entwicklung des Menschengeschlechts* (1836).

*Kognitive Wende*

Sprache ist demnach in zweifacher Weise Bedingung unseres Denkens: transzendental (als Bedingung der Möglichkeit) und historisch (sie gibt die konkreten Inhalte vor). Nur dank des Wortes existiert der gedankliche Begriff und damit indirekt auch die begrifflich aufgefasste Wirklichkeit. Der organische Bau der Sprache entspricht in Humboldts Sicht auf einfache Weise dem organischen Ganzen der Welt. Die allgemeine Ordnung scheint also nach dem grammatischen System gebildet und keineswegs umgekehrt: eine kognitive Revolution unter dem Banner der Grammatik. Vergleichbar ist dieser Gedanke allenfalls mit dem, was beinahe ein Jahrhundert später Benjamin Lee Whorf (1897–1941) – diesmal mit Blick auf die Hopi-Indianer – formuliert. Weil Whorf dabei nicht auf Humboldt, sondern auf seinen Lehrer Edward Sapir (1884–1939) rekurriert, ging die Idee, Sprachen determinierten das Denken und die Wahrnehmung der jeweiligen Sprecher, als „Sapir-Whorf-Hypothese" in die Sprachwissenschaft ein. Tatsächlich wertet Humboldt die Gemeinsamkeiten höher als die Verschiedenheiten: Von einem Relativismus ist er weit entfernt.

*Sprache als enérgeia*

Humboldt begreift die Sprache als dynamisches, flüchtiges Gebilde, das in jedem Augenblick vorübergeht. Den Mittelpunkt der Sprache macht das „Ideen und Empfindungen wahrhaft umtauschende Wechselgespräch" aus, wie es in der Abhandlung *Über den Nationalcharakter der Sprachen* heißt. Das Sprechen gilt ihm als ursprüngliche und überlegene Erscheinungsform der Sprache. Diese Bezugnahme auf die Rede dient letztlich der Befreiung von der klassischen Grammatik, der Lösung aus den Fesseln der Logik. Wie aber sieht eine Grammatik der Rede aus? Die zwei Zentralkategorien der Sprache, die wesentlich kommunikative *enérgeia* ist, bilden nach Humboldt zum einen das Verb, der „Nerv der ganzen Sprache", und zum anderen (überraschenderweise) das Pronomen. Das Verb nämlich verbinde Gedanken untereinander sowie die Gedanken mit der Wirklichkeit, also Subjekt und Objekt. Hier weicht Humboldt von Hegel ab, der behauptet hatte: „Es ist in Namen, das wir denken" (*Enzyklopädie der philosophischen Wissenschaften*, § 462). Das Pronomen setze des Weiteren das Subjekt in Relation zu anderen Subjekten. Genauer: Die Unterscheidung der zweiten von der dritten Person ist es, die Humboldt am Pronomen interessiert. An dieser Stelle löst sich die Rede (und die Grammatik) vom Denken (und der Logik), kommt das angesprochene „Du", der auf die Sprache zurückwirkende Empfänger hinzu. Mit Verb und Pronomen glaubte Humboldt den universalen Kern gefunden zu haben, der in allen Sprachen zum Ausdruck komme, die „Angeln, um die sich die ganze Sprache bewegt". Jenseits der transzendentalphilosophisch-universalistischen Spekulationen betrieb Humboldt in-

*Universaler Nukleus der Sprache*

dessen sorgfältige empirisch-vergleichende Sprachforschungen. Und auf eben diesen wie auf seiner Einsicht in die grundsätzliche Sprachverschiedenheit innerhalb eines durch die allgemeine Natur des Menschen begrenzten Spielraums beruht seine Bedeutung für die Sprachwissenschaft. Hier konnte die Historische Grammatik direkt an Humboldt anschließen.

*Sanskritgrammatik*

Ein wichtiges Ereignis für den Siegeszug der Sprachwissenschaft neueren Zuschnitts war die Wiederentdeckung des altindischen Sanskrits. Die von Missionaren angefertigten, noch sehr schlichten Sanskritgrammatiken des 17. und frühen 18. Jahrhunderts hatten nur wenig Beachtung erfahren. Dann jedoch steigerte sich die Sanskritbegeisterung ins Unermessliche, befeuert von der Vermutung, dadurch der Ursprache bedeutend näher zu kommen. In diesem Zusammenhang bildete sich eine genetisch-komparative Sprachforschung heraus. Erstmals formuliert wurde die Theorie eines gemeinsamen Ursprungs der altindischen und der europäischen Sprachen von dem Amateurlinguisten Sir William Jones (1746–1794). Die Bezeichnung für die vermeintliche Ursprache changierte: *Indoeuropäisch*, *Indogermanisch* und *Sanskritisch* waren gebräuchlich. Zunächst schien eine differenziertere Systematik der vorhandenen Sprachen vonnöten. Adelung hatte lediglich flektierende und isolierende Sprachen unterschieden, also Sprachen, die ihre grammatischen Funktionen durch Veränderungen des Wurzellauts ausdrücken und solche, die dafür eigene Worte benutzen. August Wilhelm Schlegel unterschied drei Sprachtypen. Die Hinzufügung des dritten oder mittleren (agglutinierenden) Typus wird aber mit einigem Recht Humboldt zugeschrieben, auch wenn dessen *Kawi*-Einleitung erst im Jahre 1836 publiziert wurde. Agglutination bedeutet, dass das in isolierenden Sprachen freistehende grammatische Morphem mit dem Wurzelwort verschmilzt, ohne den Wurzelvokal zu verändern. Humboldt hatte sogar mit dem Gedanken gespielt, in Anbetracht der amerikanischen Sprachen einen vierten Typus (der Polysynthese: die Morpheme kommen nur gebunden vor) einzuführen. Ein ähnliches Konzept findet sich bei Friedrich Schlegel und August Schleicher. Beinahe immer galten die flektierenden Sprachen als höherwertig (ganz unten dagegen das Chinesische).

*Sprachtypologie*

**Definition**

*Sprachtypologie* nennt man die Einteilung von Sprachen in Gruppen aufgrund grammatischer (und nicht historischer) Merkmale. Die ältere Variante, die morphologische Sprachtypologie, unterscheidet analytische (*isolierende*: z. B. Chinesisch, Vietnamesisch) und synthetische (*flektierende*: z. B. Sanskrit, Latein, Deutsch bzw. *agglutinierende*: z. B. Türkisch, Japanisch) und partiell *polysynthetische Sprachen*: z. B. Irokesisch. Eine neuere Variante ist die *syntaktische Sprachtypologie*, die von der Wortstellung ausgeht und verschiedene Erweiterungen kennt.

*Sprachvergleichung*

Die historische Sprachvergleichung, zu großen Teilen ein deutsches Unternehmen, hatte allerdings mit der modernen Linguistik noch nicht viel gemein. Verwandtschaften von Sprachen reduzierte man auf lexikale Übereinstimmungen. Zunächst wurden vor allem phonologische Gemeinsamkeiten herausgearbeitet, doch bald schon beachtliche grammatische Detailkenntnisse ausgebreitet. Bereits Friedrich Schlegel stellte in *Ueber die Sprache und Weisheit der Indier* 1808 fest, dass zwischen dem Sanskrit und den europäischen Sprachen auch grammatische Parallelen bestanden, die nicht durch periphäre Kontakte zustande gekommen sein konnten. Die nächste Stufe in der Erforschung des Sanskrits – und damit für die Herausbildung der historisch-vergleichenden Grammatik – stellen die Arbeiten Franz Bopps (1791–1867) dar. Auch Bopp war anfangs von der Idee begeistert, über das Sanskrit an den Uranfang der Sprache zurück zu gelangen. In Paris studierte er mit dieser Intention zahlreiche Sanskrithandschriften. Von größter Bedeutung war seine breit rezipierte, komparative Schrift *Über das Conjugationssystem der Sanskritsprache in Vergleichung mit jenem der griechischen, lateinischen, persischen und germanischen Sprache* von 1816. Darin wird der Beweis für die Identität des Konjugationssystems der genannten Sprachen geführt. Für die englische Ausgabe fügte Bopp noch die Betrachtung des Deklinationssystems hinzu. Im Jahre 1833 ließ er eine *Vergleichende Grammatik des Sanskrit, Zend, Griechischen, Lateinischen, Litthauischen, Gothischen und Deutschen* folgen. Das Vorwort hebt programmatisch an: „Ich beabsichtige in diesem Buche eine vergleichende, alles Verwandte zusammenfassende Beschreibung des Organismus der auf dem Titel genannten Sprachen, eine Erforschung ihrer physischen und mechanischen Gesetze und des Ursprungs der die grammatischen Verhältnisse bezeichnenden Formen". Organismus, Gesetze und Formen, damit waren die drei Zentralbereiche der historischen Grammatik beisammen.

*Franz Bopp*

*Sprachorganismus und Sprachgesetze*

Als Grundlage diente die gründliche Segmentierung der Morpheme: Die Wurzel musste von Affixen, Endungen usw. getrennt werden, da allein die Grundelemente miteinander vergleichbar waren. Unter diesen Bedingungen stieg die Etymologie erneut zu einem zentralen Untersuchungsfeld auf.

*Kristian Rask*

Der Däne Rasmus Kristian Rask (1787–1832) verfasste deskriptive Grammatiken für zahlreiche Sprachen, die dem vierteiligen Grundschema Orthographie/Phonologie, Morphologie, Wortbildung und Syntax folgten. Bereits 1814 hatte er seine bahnbrechende, in vielen Punkten Bopp und Grimm vorwegnehmende Schrift *Untersuchung über den Ursprung der alten nordischen oder isländischen Sprache* abgeschlossen. Sie erschien jedoch erst 1818, mithin nach Bopps *Conjugationssystem*. Sogar den regelmäßigen Konsonantenwechsel zwischen der germanischen und der althochdeutschen Sprachstufe, später als *Grimmsches Gesetz* firmierend, hatte Rask bereits erkannt. Die historisch-vergleichende Grammatik stellt auf diese Weise eine Vorform der allgemeinen Sprachwissenschaft dar. Ihr ist es auch zu verdanken, dass die Sprachwissenschaft nicht länger als Ableger der Orientalistik fungierte, sondern als eigene Disziplin im akademischen Betrieb verankert wurde. Den ersten deutschen Lehrstuhl für *Allgemeine Sprachkunde*, eingerichtet 1921, besetzte Franz Bopp.

*Jacob Grimm*

Der einflussreichste Vertreter der historischen Grammatik in Deutschland aber war Jacob Grimm (1785–1863), der nach seiner Arbeit an den *Deutschen Sagen* eine so gewichtige wie voluminöse *Deutsche Grammatik* vorlegte (1819–1837, zweite Auflage 1870–1898). Wenig wohlgesonnen war Grimm der Schulgrammatik (und damit auch Adelung), in seinen Augen eine überflüssige Einrichtung. Sprache bringe als natürlich gewachsenes Phänomen ein Gefühl für Grammatik mit sich. Daher seien weder sprachpädagogische noch sprachpuristische Anstrengungen von Nutzen. Um einem Missverständnis vorzubeugen: Bei der *Deutschen Grammatik* handelt es sich nicht um eine Grammatik des Deutschen, sondern – etymologisch durchaus richtig – um eine vergleichende Volkssprachen-Grammatik.

In den vier Bänden versucht Grimm, gestützt auf Bopp und Rask, die der Sprache inhärenten Gesetzmäßigkeiten durch Auswertung von viel Sprachmaterial aufzudecken. Der romantische Hintergrund dieser Untersuchung wird deutlich am herangezogenen Sprachorganismus-Modell. Im Sprachkörper bilden sich nach Grimm Charakteristika des Volkes und seiner Entwicklung ab. Auch Humboldt hatte angenommen, dass Sprache „ein geis-

*Volkscharakteristika*

tiger Aushauch eines national individuellen Lebens“ sei (*Über die Verschiedenheiten des menschlichen Sprachbaues, Werke III*, 301). Zumal von der französischen Nation hebe sich deutsche wohltuend ab (auch wenn es noch weit resolutere Meinungen gegeben haben mag). Anders als Humboldt, der immer wieder ins Spekulative tendierte, geht Grimm jedoch dezidiert historisch vor. Ein abstraktes und gemeinsames, als solches aber nie realisiertes Sprachsystem interessiert ihn nicht. Er berücksichtigt nicht nur verschiedene reale Sprachen, sondern auch verschiedene Sprachstufen. Nach der Methode der etymologischen Freilegung des Wortkerns widmet sich Grimm ausgiebig der Wortkernvergleichung. Für den fünften Band war die Syntax des zusammengesetzten Satzes vorgesehen, konnte jedoch nicht mehr fertiggestellt werden.

*Wortkern-vergleichung*

Grimm entdeckte auf diese Weise grundlegende grammatische Faktoren des Deutschen. Dazu gehört die Differenzierung zwischen Ablaut und Umlaut, also zwischen regelmäßigem Wandel des Wurzelvokals und umgebungsbedingtem Vokalwechsel. Dadurch lässt sich die Konjugation der Verben untergliedern in starke (mit Ablaut: *waschen, wusch*) und schwache Flexion (ohne Ablaut: *naschen, naschte*). Grimm fiel zudem auf, dass viele der Ausnahmen von dieser Regel unter den scheinbar starken Verben wiederum eine Gesetzmäßigkeit aufwiesen. Es handelte sich um ursprünglich reduplizierende Verben, bei denen kein Ablaut, sondern ein nicht mehr sichtbarer Umlaut vorlag. Auch entdeckte Grimm die Präterito-Präsentien, deren Form um eine Zeitstufe verschoben scheint: formal Perfekt, semantisch Präsens.

*Grimmsches Gesetz*

Geradezu identifiziert wird Grimms Grammatik jedoch mit der Entdeckung der *(Ersten) Lautverschiebung*, die auch als *Grimmsches Gesetz* bekannt ist, wobei ihr Namengeber die Grundlagen bereits bei Rask vorgefunden hat. Zudem konstatierte Grimm eher eine Tendenz, weil er die vielen Ausnahmen noch nicht zu erklären vermochte. Heute unterscheidet man zwischen einer *Ersten (Germanischen)* und eine *Zweiten (Althochdeutschen) Lautverschiebung*, weil die Änderung des Konsonantensystems in zwei Wellen stattgefunden hat. Die beiden Lautverschiebungen trennen die Sprachstufen Indogermanisch (exemplifiziert am Beispiel Griechisch), Germanisch (= Althochdeutsch) und Mittelhochdeutsch (konsonantisch dieselbe Stufe wie Neuhochdeutsch).

*Exakte Wissenschaft*

Grimms ‚Gesetze‘ sind genau genommen Regularitäten. Doch im späten 19. Jahrhundert kam es tatsächlich zu Versuchen, die Linguistik als exakte Wissenschaft zu etablieren. Der in Oxford lehrende Sanskrit-Spezialist Friedrich Max Müller (1823–1900) verteidigte den naturwissenschaftlichen Charakter der Disziplin. Vergleichbar äußerte sich August Schleicher (1821–1868), der die Linguistik als Teildisziplin der Biologie verstand und Darwins Entwicklungsmodell auf die Sprache zu übertragen beabsichtigte. Sprachen galten Schleicher als autonome biologische Systeme, die selbsttätig entstanden und von Klanggesetzen bestimmt waren. Schleicher und Müller adaptierten in der Mitte des 19. Jahrhunderts den Begriff *Morphologie* aus der Biologie. In Parallele zur Biologie sollte auch die Genese der Sprache erklärt werden. Schleicher entwarf eine Stammbaumtheorie, die historisierend drei Sprachperioden unterschied: eine Stufe der isolierenden, eine Stufe der agglutinierenden und eine Stufe der flektierenden Sprachen. Zugrunde lag der schleicherschen Genese aber immer noch eine Teleologie im Dienste der Rekonstruktion der Ursprache. Gegen Ende seiner Karriere wagte es Schleicher sogar, eine Fabel von Pferden und Schafen auf vermeintlichem Indogermanisch abzufassen: *Avis akvasas ka* (1868). Das Schaf hat im Gegensatz zum Pferd noch nicht erkannt, auch nur ein Diener des Menschen zu sein, und bringt dem Pferd sein schäfliches Mitleid entgegen. Das klingt auf ‚Schleichergermanisch' so: „Avis, jasmin varna na a ast, dadarka akvams, tam, vagham garum vaghantam, tam, bharam magham, tam manum aku bharantam ..." Dieser Versuch wurde selbst von seinen Schülern belächelt.

*Indogermanische Ursprache*

*Junggrammatik*

Die Zurichtung der Linguistik zur positiven Wissenschaft deutete bereits auf die nächste Epoche der Grammatikgeschichte voraus. Eine neue Generation von Wissenschaftlern (in erster Linie Philologen), geboren in der Mitte des 19. Jahrhunderts, erhob sich gegen das Ursprachen-Paradigma. Gefordert wurde, den Lautwandel – in dieser Beschränkung ging man kaum über die Vorgaben hinaus – einzig unter systematischen Gesichtspunkten zu erforschen, und das hieß: im Sinne der Phonetik. Ideologische Vorgaben wie die Ansicht, isolierende Sprachen seien per se primitiver als flektierende, wurden zurückgewiesen. Die eigene Sprache wollte den nicht mehr auf das Sanskrit fixierten Linguisten keineswegs als reduktive Variante einer idealen Urform erscheinen, sondern als hochkomplexes System. Die neue sprachwissenschaftliche Strömung wurde bekannt unter der ursprünglich ironisch gemeinten Sammelbezeichnung *Junggrammatik*. Neutraler sprach man von der *Leipziger Schule*. Mit den

Junggrammatikern kehrte das deduktive Vorgehen zurück, das die allgemeinen Grammatiken propagiert hatten.

*Ausnahmslosigkeit der Lautgesetze*

Den Beginn markieren mehrere programmatische Schriften, in denen innerhalb weniger Jahre immer wieder die Ausnahmslosigkeit der Lautgesetze formuliert wurde. Dazu zählt August Leskiens (1840–1916) Deklinationsschrift von 1876. Ein Jahr später erschien ein wichtiger Aufsatz von Karl Verner (1846–1896) über *Eine Ausnahme der ersten Lautverschiebung*. Verner untermauerte das *Grimmsche Gesetz* durch eine weitere Regel: Eine bestimmte Abweichung von der Regel trat immer dann ein, wenn der betreffende Konsonant vor dem ursprünglichen Wortakzent stand (*Vernersches Gesetz*). Wieder ein Jahr darauf erschien der erste Band der *Morphologischen Untersuchungen auf dem Gebiet der indogermanischen Sprachen* von Karl Brugmann (1849–1919) und Hermann Osthoff (1847–1909). Im Vorwort dieses Manifestes der Bewegung wurde die Bezeichnung *Junggrammatik* erstmals ins Positive gewendet. Hermann Paul (1845–1921) zog 1880 mit seiner Epoche machenden Schrift *Prinzipien der Sprachgeschichte* nach, die nicht zuletzt wegen ihres gemäßigten Charakters zu einem Grundlagenwerk der Sprachwissenschaft werden sollte. Die junggrammatische Perspektive war hier in mancher Hinsicht aber bereits überschritten.

*Junggrammatiker*

Neben Leskien, Brugmann, Osthoff, Paul und Verner zählt man noch Berthold Delbrück (1842–1922), Wilhelm Braune (1850–1926) sowie Eduard Sievers (1850–1936) zur Kerngruppe der Junggrammatiker. Bereits der Schülergeneration entstammen Otto Behagel (1859–1936) und Friedrich Kluge (1856–1925), die nur bedingt der Strömung zuzurechnen sind. Ebenfalls zur zweiten Generation der Junggrammatiker kann in gewisser Weise Ferdinand de Saussure gezählt werden, der in Leipzig die Grundlagen dieser Theorie kennen lernte und in eigenen Arbeiten weiterführte. Von der Junggrammatik übernahm er nicht zuletzt die Betonung der Unterscheidung von Sprache und Sprechen, *langue* und *parole*. Vorgeprägt sah Saussure diese allerdings schon in der alten Dichotomie von *lingua* und *sermo*. Außerdem diente ihm die Unterscheidung eher zum Herausdrängen der *parole* aus dem Untersuchungsrahmen. Der „authentische Saussure" (Ludwig Jäger) steht immer noch im Schatten des „fiktiven Saussure", also des Schöpfers jener strukturalistischen Theorie, die weithin als Lebenswerk des Linguisten gilt. Der *Cours de linguistique générale* von 1916, auf den diese Theorie zurückgeht, wurde jedoch nicht nur postum veröffentlicht, er stellt genau genommen eine nicht autorisierte und erheblich bearbeitete Zusammenschrift von Vorlesungsskripten dar, die Charles Bally und Albert Sechehaye besorgt haben. Im *Cours* ist die junggrammatische Prägung Saussures denn auch nur noch indirekt zu bemerken.

*Positivismus*

Das wichtigste Kennzeichen der junggrammatischen Sprachwissenschaftler war die Abkehr von allen metaphysischen und biologistischen Auffassungen. Sie akzeptierten – als Positivisten – allein ‚positive', mithin wissenschaftlich beobachtbare Tatbestände.

**Definition**

Der Begriff *Positivismus* bezeichnet in der Kulturgeschichte solche Strömungen, die allein auf *positiven* (im Rahmen der definierten Bedingungen erwiesenen) Fakten aufbauen. Die methodische Nähe zu den Naturwissenschaften ist intendiert. Die Bezeichnung Positivismus geht auf den Mathematiker und Soziologen Auguste Comte (1798–1857) zurück.

Eine erste Fokussierung war damit vorgegeben: Die bestens observierbare Lautebene erlangte eine herausgehobene, autonome Position gegenüber Semantik und Syntax, die allein mittels Abstraktion zugänglich waren. Weniger die Programmatik als der elitäre Tonfall in den frühen Veröffentlichungen führte zu einem langen Streit mit Vertretern der Lehrergeneration, aber auch mit konkurrierenden Forschern wie Wilhelm Scherer (1841–1886). In praktischer Hinsicht stellt die Leipziger Schule keine Abkehr von der historisch-vergleichenden Tradition dar, sondern ihre extreme Zuspitzung. Gewaltige diachrone Untersuchungen entstanden, die mit größtmöglicher Exaktheit Lautbestände miteinander verglichen. Neben dem Historismus spielte die Systematik eine wichtige Rolle, denn das Ziel war es, den sprachlichen Wandel nicht nur erschöpfend beschreiben, sondern ihn erklären zu können. Nach positivistischem Verständnis waren die Lautgesetze gänzlich unmetaphysisch und ausnahmslos gültig: ein zentrales Apriori.

*Gesetz versus Organismus*

In diesem der Naturwissenschaft entlehnten Programm, das sich empirisch nicht beweisen ließ, lag auch die Abstoßung von Grimms *Historischer Grammatik* begründet, wo die ‚Gesetze' noch im Organismusmodell verankert waren. Auch wenn der Absolutheitsanspruch bald abgeschwächt werden musste, ist es vor allem der Wissenschaftsoptimismus, der den Junggrammatikern ihren Platz in der Sprachwissenschaftshistoriographie sichert. Gut erforscht ist inzwischen das Verhältnis der junggrammatischen Ansätze zu August Schleicher. Dessen Ursprachenbegeisterung standen die Leipziger skeptisch gegenüber, aber sie übernahmen die besondere Auszeichnung der Lautgesetze und die Vorstellung einer strengen Systematik. Das Programm der Klanggesetze gelangte in noch einmal verdichteter Form über Schleichers Schüler Leskien in die junggrammatische Theorie. Dennoch galt die Sprachwissenschaft nicht als Naturwissenschaft. In Anlehnung an Wilhelm Scherers Einspruch gegen Schleicher (Scherer ordnete die Sprachwissenschaft den Geisteswissenschaften zu) entwarf Paul ein allgemein akzeptiertes Disziplinen-Modell, in dem die Linguistik zu den Kulturwissenschaften zählte.

*Linguistik als Kulturwissenschaft*

*Bedeutung der Rede*

Ein gewichtiger Unterschied gegenüber der vorausliegenden Epoche war der Einbezug der Rede (*parole*) in die Untersuchung, weil Sprache nicht unabhängig vom Sprecher existiere. Der eigentliche Gegenstandsbereich war die beobachtbare Sprache, das heißt: die von einzelnen Individuen realisierte Sprache. Im Gegensatz zum abstrakten System durchdrangen sich in der angewandten Sprache physische und psychische Aspekte. Der Historischen Grammatik war die psychische Dimension fremd, zumal die Psychologie selbst eine noch junge Disziplin darstellte. Die junggrammatische Sprecherorientierung implizierte aber auch eine Zurückweisung rationalistischer, ahistorischer Idealgrammatiken. Allerdings sind auch hier Anspruch und Wirklichkeit zu unterscheiden. Die Sprache erscheint bei den meisten Junggrammatikern zuletzt doch als autonomes (Laut-)Gebilde. Lediglich Paul und Delbrück berücksichtigten tatsächlich soziologische und psychologische Faktoren, und selbst bei ihnen bedeutete die Integration von psychischen Gegebenheiten keine Pragmatisierung der Grammatik, denn auch dem Psychischen versuchte man mit exakten Gesetzen beizukommen. Paul unterschied sich jedoch dadurch von anderen psychologisch argumentierenden Forschern wie Heymann Steinthal oder Wilhelm Wundt, welche in der „Volksseele" den Untergrund der Sprachentstehung ausmachten, dass er nicht mit psychischen Kollektiven argumentierte. Stattdessen ging Paul in protostrukturalistischer Weise davon aus, dass Sprache als generatives Prinzip („Sprachnorm") und als individuelle Anwendung in unendlicher Variationsbreite („individuelle Sprachtätigkeit") existiere.

Der Einbezug des Psychischen steht also nicht im Widerspruch zum positivistischen Exaktheits-Anspruch, sondern diente der weiteren Raffinierung. Die psychologische Dimension

*Psychologie*

nämlich fungierte als Erklärungsgrund für Abweichungen vom universalen Lautgesetz, wie Osthoff in einem Aufsatz von 1879 betonte: „Alle Unregelmäßigkeiten der Lautentwicklung sind nur scheinbar solche. Sie beruhen nämlich darauf, daß die Wirkungen der physiologischen Gesetze zahlreiche Durchkreuzungen und Aufhebungen erfahren von dem *psychologischen* Triebe". Zu neuen Ehren kam in diesem Zusammenhang die Analogie, denn der psychische Einfluss auf die Lautentwicklung sei kein chaotisch-individueller. Entsprach ein Faktum dem Lautgesetz nicht, wurde es als zwar psychisch bedingte, aber selbst wieder regelhafte Anpassung an verwandte Formen gedeutet. Mittels Analogie waren solche Abweichungen mithin erklärbar.

*Errungenschaften*

Was die Junggrammatiker mit viel Fleiß zur Grammatiktheorie selbst beitrugen, war allerdings wenig innovativ. Leskien untersuchte *Die declination im Slavisch-Litauischen und im Germanischen* (1876). Braune verfasste mit Blick auf Lautsystem und Flexion eine *Gotische Grammatik* (1880), Sievers eine *Angelsächsische Grammatik* (1882). Brugmann und Delbrück wagten sich an den *Grundriss der vergleichenden Grammatik der indogermanischen Sprachen* (1886–1895). Hermann Pauls *Mittelhochdeutsche Grammatik* (1881) beansprucht bis heute ihren festen Platz in der Mediävistik. Paul betrachtet vor allem Abweichungen des Mittelhochdeutschen vom Neuhochdeutschen. Ursprünglich als Kurzeinführung für Studenten entworfen, dann aber zur wissenschaftlichen Grammatik aufgerüstet, ist die Schrift inzwischen um mehr als das Sechsfache angewachsen. Von dauerhafter Bedeutung sind diese Grammatiken vor allem aufgrund der großen Detailgenauigkeit.

Die Junggrammatiker zeichnet ein doppelt ambivalentes Verhältnis aus. Zwischen Kontinuität und Totalreform schwankt das Verhältnis zu den Vorgängern: zur historisch-vergleichenden Grammatik im Allgemeinen und zu Schleichers naturwissenschaftlicher Indogermanistik im Speziellen. Dasselbe ambivalente Verhältnis besteht gegenüber den strukturalistischen Nachfolgern. Nur wenige junggrammatische Ideen überstanden den anbrechenden strukturalistischen Frühling der Linguistik. Das lag nicht nur am imperialen Charakter des Strukturalismus, sondern auch daran, dass die junggrammatische Theorie zwar viele

*Übergangsphänomen*

Phänomene richtig erkannt hatte, aber mangels eines komplexen Systemmodells noch nicht in der Lage war, die grammatischen Veränderungen befriedigend zu erklären. Eveline Einhauser hat mit guten Gründen vorgeschlagen, die Junggrammatik als Übergangsphänomen zwischen zwei entgegengesetzten linguistischen Paradigmen zu betrachten. Die Strömung musste schon daran scheitern, dass sie sich beiden Ansätzen verpflichtet fühlte. Doch diese *double-bind*-Situation schmälert nicht die Bedeutung der empirisch-positivistischen Stoßtruppe innerhalb der Sprachwissenschaft. Um 1900 war das Feld bereitet für eine linguistische, wertfreie Grammatiktheorie.

**Merksatz**

Gingen rationalistische Sprachtheorien davon aus, dass begriffliche Gemeinsamkeiten lediglich verschieden versprachlicht werden, leugnet die empiristische Auffassung jede Gemeinsamkeit. Sprache wird hier als Zeichentheorie aufgefasst. An die englische Auffassung schlossen in Frankreich Sensualisten und so genannte Idéologues an. Eine vor allem deutsche Strömung in der Grammatiktheorie stellt die historisch-vergleichende Grammatik dar. Sie muss als Antwort auf allgemeingrammatische Versuche gesehen werden, macht jedoch auch Anleihen bei den Romantikern. Verglichen werden im 19. Jahrhundert vor allem einzelne Laute indoeuropäischer Sprachen. Im Übergang vom historischen zum systematisch-strukturalistischen Paradigma in der Sprachtheorie ist schließlich die an die Naturwissenschaft angelehnte Praxis der Junggrammatiker zu verorten, auf induktive Weise nach ausnahmslos gültigen Lautgesetzen zu suchen.

**Literatur**

**Mittelalterliche Grammatik:**

Bursill-Hall, G[eoffrey] L. (1971): *Speculative Grammars in the Middle Ages. The Doctrine of the partes orationis of the Modistae*. The Hague: Mouton.

Buzzetti, O./Ferriani, M. (Hgg.) (1987): *Speculative Grammar, Universal Grammar and Philosophical Analysis of Language*. Amsterdam: Benjamins.

Law, Vivien (1997): *Grammar and Grammarians in the Early Middle Ages*. London/New York: Longman.

Mojsisch, Burkhard (Hg.) (1986): *Sprachphilosophie in Antike und Mittelalter*. Amsterdam: BR Grüner.

Pinborg, Jan (1967): *Die Entwicklung der Sprachtheorie im Mittelalter*. Münster: Aschendorff.

Pinborg, Jan (1972): *Logik und Semantik im Mittelalter. Ein Überblick*. Stuttgart: Fommann-Holzboog.

**Frühneuzeitliche Grammatik (16./17. Jh.):**

Dahmen, Wolfgang et al. (Hgg.) (1991): *Zur Geschichte der Grammatiken romanischer Sprachen*. Tübingen: Narr.

Dominicy, Marc (1985): *La naissance de la grammaire moderne. Langage, logique et philosophie à Port-Royal*. Bruxelles: Mardaga.

Formigari, Lia (1988): *Language and Experience in 17th Century British Philosophy*. Amsterdam/Philadelphia: Benjamins.

Foucault, Michel (2001): Einleitung [in die *Grammaire générale et raisonnée*]. In: Foucault, Michel: *Dits et Ecrits*. Band I: 1954–1969. Hg. von Daniel Defert, François Ewald. Frankfurt/M.: Suhrkamp, 932–957.

Gardt, Andreas (1994): *Sprachreflexion in Barock und Frühaufklärung. Entwürfe von Böhme bis Leibniz*. Berlin/New York: Walter de Gruyter.

Götz, Ursula (1992): *Die Anfänge der Grammatikschreibung des Deutschen in Formularbüchern des 16. Jahrhunderts: Fabian Frangk – ‚Schryfftspiegel' – Johann Elias Meichßner*. Heidelberg: Carl Winter.

Isermann, Michael (1991): Die Sprachtheorie im Werk von Thomas Hobbes. In: *Studium Sprachwissenschaft, Beiheft 15*.

Padley, George A. (1976): *Grammatical Theory in Western Europe 1500–1700. The Latin Tradition*. Cambridge: Cambridge University Press.

Padley, George A. (1985/1988): *Grammatical Theory in Western Europe 1500–1700. Trends in Vernacular Grammar.* 2 Bde. Cambridge: Cambridge University Press.

Rieux, Jacques/Rollin, Bernard E. (Hgg.) (1975): *General and Rational Grammar: The Port-Royal Grammar*. The Hague/Paris: Mouton.

**Neuzeitliche Grammatik (18./19. Jh.):**

Bornstein, Diane D. (1976): *Readings in the theory of grammar. From the 17th to the 20th century*. Cambridge, Mass.: Winthrop.

Einhauser, Eveline (1989): *Die Junggrammatiker. Ein Problem für die Sprachwissenschaftsgeschichtsschreibung*. Trier: Wissenschaftlicher Verlag.

Hoinkes, Ulrich (1991): *Philosophie und Grammatik in der französischen Aufklärung. Untersuchungen zur Geschichte der Sprachtheorien und französischen Grammatikographie im 18. Jahrhundert*. München: Nodus.

Jankowsky, Kurt R. (1972): *The neogrammarians. A re-evaluation of their place in the development of linguistic science*. The Hague/Paris: Mouton.

Jellinek, Max Hermann (1913–1914): *Geschichte der neuhochdeutschen Grammatik von den Anfängen bis auf Adelung*. 2 Bde. Heidelberg: Carl Winter.

Land, Stephen K. (1986): *The Philosophy of Language in Britain. Major Theories from Hobbes to Thomas Reid*. New York: AMS Press.

Naumann, Bernd (1986): *Grammatik der deutschen Sprache zwischen 1781 und 1856. Die Kategorien der deutschen Grammatik in der Tradition von Johann Werner Meiner und Johann Christoph Adelung*. Berlin: Erich Schmidt.

Scharf, Hans-Werner (1994): *Das Verfahren der Sprache. Humboldt gegen Chomsky.* Paderborn: Schöningh.
Schlieben-Lange, Brigitte et al. (Hgg.) (1989–1994): *Europäische Sprachwissenschaft um 1800. Methodologische und historiographische Beiträge zum Umkreis der „idéologie“.* 4 Bde. Münster: Nodus.
Trabant, Jürgen (1986): *Apeliotes oder Der Sinn der Sprache. Wilhelm von Humboldts Sprach-Bild.* München: Fink.
Trabant, Jürgen (2003): *Mithridates im Paradies: Kleine Geschichte des Sprachdenkens.* München: Beck.
Weiß, Helmut (1993): Deutsche Universalgrammatiken aus der ersten Hälfte des 18. Jahrhunderts. In: Dutz, Klaus D. (Hg.): *Sprachwissenschaft im 18. Jahrhundert. Fallstudien und Überblicke.* Münster: Nodus, 59–76.

# Strukturalismus 4

- Ferdinand de Saussure
- Prager Schule
- Kopenhagener Schule
- Amerikanischer Strukturalismus

## Die Begründung des Strukturalismus: Ferdinand de Saussure 4.1

Der Strukturalismus stellt eine Methodologie und Denkweise dar, die insbesondere die Geisteswissenschaften im 20. Jahrhundert nachhaltig geprägt hat. Als Begründer dieser Richtung gilt der Genfer Sprachwissenschaftler Ferdinand de Saussure (1857–1913), dessen sprachwissenschaftliche Arbeiten dazu geführt haben, dass auch in Literaturwissenschaft, Anthropologie, Psychologie, Soziologie und Philosophie neue Formen der Erkenntnis und Theoriebildung gefunden werden konnten.

*Ferdinand de Saussure*

Saussure hat in Leipzig u. a. bei den Junggrammatikern August Leskien, Hermann Osthoff und Karl Brugmann studiert. Bis 1891 lehrte er in Paris und danach in Genf. Dort besetzte er 1907 den Lehrstuhl für Allgemeine Sprachwissenschaft. Sein für die moderne Sprachwissenschaft wichtiges Werk *Cours de linguistique générale* erschien 1916. Es wurde allerdings nicht von ihm selbst verfasst, sondern aus Mitschriften seiner Vorlesungen von Charles Bally und Albert Sechehaye zusammengestellt und posthum veröffentlicht.

*Junggrammatikern*

In Abgrenzung zu den Junggrammatikern steht für Saussure nicht die theoretische Rekonstruktion der geschichtlichen Entwicklung der Sprache (Diachronie) im Mittelpunkt des Forschungsinteresses, sondern die Beschreibung des Sprachsystems in einer bestimmten Zeitphase (Synchronie). „Die *synchrone Sprachwissenschaft* befasst sich mit logischen und psychologischen Verhältnissen, welche zwischen gleichzeitigen Gliedern, die ein System bilden, bestehen [...]. Die *diachrone Sprachwissenschaft* untersucht dagegen die Beziehungen, die zwischen aufeinanderfolgenden Gliedern obwalten, [...] ohne dass sie unter sich ein System bilden." (Saussure 1967:119).

*Diachronie*

*Synchronie*

Eine wesentliche Einsicht, die diese Sichtweise mitbestimmt hat, liegt darin, dass Saussure einen gewissen Teil der Sprache als völlig unabhängig vom Sprechen ansieht. Diesen Teil bezeichnet Saussure als *langue*. Langue ist das abstrakte System der strukturellen Relationen des Sprachsystems, das bei allen Sprechern einer Sprache identisch ist. Dem entgegengesetzt ist der konkrete Akt des Sprechens (*parole*), der sich niemals auf die gleiche Weise wiederholt.

*langue*

*parole*

*langage*

Die langue beruht auf dem Konzept der *langage*, der allgemeinen Sprechfähigkeit des Menschen, und Saussure bestimmt als Gegenstand der sprachwissenschaftlichen Forschung die langue als ein System, welches die abstrakten Strukturen und Relationen des Sprachsystems enthält. Diese Hervorhebung der *strukturellen* Beziehungen hat dem *Strukturalismus* seinen Namen gegeben.

*syntagmatische und paradigmatische Wertigkeiten*

*Opposition*

*Differenz*

Saussure zufolge ist Sprache ein synchrones *System* von Einzelteilen, die durch ihre *syntagmatischen* und *paradigmatischen* Wertigkeiten bestimmt sind und zu allen anderen Elementen in *Opposition* stehen. Der *Wert* eines Einzelteils ergibt sich nicht allein aus seinen Eigenschaften, sondern bestimmt sich nur aufgrund seines Verschiedenseins, seiner *Differenz*, in den Beziehungen zu allen anderen Elementen des Systems. Denn „einerseits gehen die Worte infolge ihrer Verkettung beim Ablauf irgendwelcher Aussagen Beziehungen unter sich ein, die auf dem linearen Charakter der Sprache beruhen, der es unmöglich macht, zwei Elemente zu gleicher Zeit auszusprechen [...]. Sie reihen sich eins nach dem andern in der Kette des Sprechens an, und diese Kombinationen, deren Grundlage die Ausdehnung ist, können Anreihungen oder Syntagmen genannt werden. [...]. In eine Anreihung hineingestellt, erhält ein Glied seinen Wert nur, weil es dem vorausgehenden oder dem folgenden oder beiden gegenübersteht. Andererseits aber assoziieren sich außerhalb des gesprochenen Satzes die Wörter, die irgend etwas unter sich gemein haben, im Gedächtnis, und so bilden sich Gruppen, innerhalb deren sehr verschiedene Beziehungen herrschen. So lässt das Wort *Belehrung* unbewusst vor dem Geist eine Menge anderer Wörter auftauchen (*lehren, belehren* usw., oder auch *Bekehrung, Begleitung, Erschaffung* usw., oder ferner *Unterricht, Ausbildung, Erziehung* usw.). Auf der einen oder anderen Seite haben alle diese Wörter irgend etwas unter sich gemein. Man sieht, dass diese Zusammenordnungen von ganz anderer Art sind als die ersteren; sie sind nicht von der Zeiterstreckung getragen; ihr Sitz ist im Gehirn; sie sind Teile jenes inneren Schatzes, der bei jedem Individuum die Sprache bildet. Wir wollen sie *assoziative Beziehungen* nennen." (Saussure 1967:147). Diese assoziativen Bezie-

*in absentia*

*in praesentia*

hungen bilden das Kernstück der so genannten *paradigmatischen* Relation, die in absentia vorliegt, da die Assoziationen zwar bestehen, aber wegen der Gleichzeitigkeit nicht ausgedrückt werden können. Demgegenüber basiert die *syntagmatische* Relation auf dem Nach- oder Nebeneinander der Elemente. „Die syntagmatische oder Anreihungsbeziehung besteht in praesentia: sie beruht auf zwei oder mehreren in einer bestehenden Reihe nebeneinander vorhandenen Gliedern. Im Gegensatz dazu verbindet die assoziative Beziehung Glieder in absentia in einer möglichen Gedächtnisreihe" (Saussure 1967:148).

*sprachliche Zeichen*

*Signifikat*

*bilateral*

Das sprachliche Zeichen ist nach Saussure die Verbindung aus einem Lautbild (Signifikant, *Bezeichnung*) und einer Vorstellung (Signifikat, *Bezeichnetes*), die nicht voneinander abgetrennt werden können. Insofern stellen sie zwei Seiten derselben Sache dar. Das sprachliche Zeichen ist also bilateral:

(1)

*arbiträr*

*konventionalisiert*

Andererseits besteht kein systematischer Zusammenhang zwischen Lautbild und Vorstellung in dem Sinne, dass aus dem Lautbild die Vorstellung abgeleitet werden könnte oder umgekehrt. Insofern ist die Beziehung zwischen den beiden Seiten des sprachlichen Zeichens *arbiträr* oder willkürlich. Die Zuordnung der beiden Seiten des sprachlichen Zeichens ist jedoch *konventionalisiert*, denn nur unter dieser Bedingung kann es den Mitgliedern eine Sprachgemeinschaft gelingen, sich überhaupt zu verständigen:

(2)

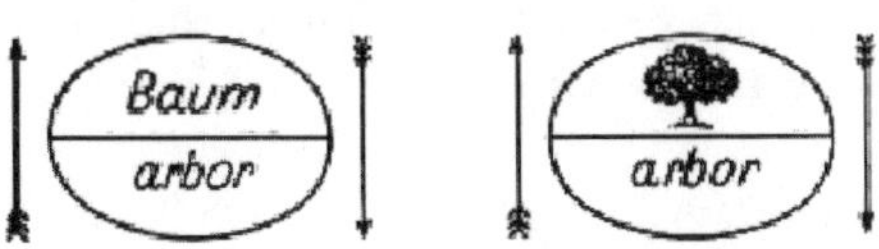

Saussure vergleicht die Sprache gelegentlich mit einem Schachspiel. „Unter allen Vergleichen, die sich ausdenken lassen, ist am schlagendsten der zwischen dem Zusammenspiel der sprachlichen Einzelheiten und einer Partie Schach. Hier sowohl als dort hat man vor sich ein System von Werten, und man ist bei ihren Modifikationen zugegen. Eine Partie Schach ist gleichsam die künstliche Verwirklichung dessen, was Sprache in ihrer natürlichen Form darstellt." (Saussure 1967:104f.) Wenn man bei einer

*Partie Schach*

Partie Schach, die bis zu einem gewissen Stand gespielt wurde, auf das Schachbrett blickt, so benötigt man keine Kenntnisse über den bisherigen Verlauf der Partie, um den Stand zu erfassen. Zu jedem Zeitpunkt lassen sich die relevanten Zustände und Eigenschaften der Partie bewerten. Man benötigt daher die geschichtliche Dimension nicht, so dass diese Metapher zeigt, dass die synchrone Betrachtungsweise relevant ist, um in der Partie bei jedem Spielstand ziehen zu können, ohne den Verlauf des ganzen Spiels zu kennen. Ein Spieler, der nur die aktuelle Figurenstellung auf dem Brett kennt, ist gegenüber einem Spieler, der die ganze Partie kennt, keineswegs im Nachteil. Wichtig ist, wie sich der nächste Zug aus der aktuellen Spielsituation heraus ergibt. Die diachrone Entwicklung bis zu dieser Spielsituation ist demgegenüber zweitrangig.

Zugleich lässt sich eine bestimmte Figur, etwa ein Springer, auch durch eine Euro-Münze äquivalent ersetzen, solange nur der Wert, d.h. die Art des Ziehens und Schlagens gleich bleibt. Es kommt also nicht darauf an, wie die Figur physikalisch realisiert ist, solange nur ihr Wert innerhalb des Systems gleich bleibt. Die oberflächlichen Erscheinungsformen einzelner sprachlicher Ausdrücke sind für das Sprachsystem daher nicht von besonderer

*Wert*

Relevanz. Entscheidend ist ihr Wert innerhalb des Systems.

Die Unterscheidungen, Dichotomien und Sichtweisen, die Saussure in die Sprachwissenschaft eingeführt hat, wurden in verschiedenen sprachwissenschaftlichen Zentren in Europa aufgegriffen und führten zur Entstehung anderer strukturalistischer Schulen. Neben der *Genfer Schule,* die sich auf die Arbeiten von Saussure selbst gründet, gewannen die *Prager* und die *Kopenhagener Schule* in Europa an Bedeutung.

## Die Prager Schule 4.2

*Prager Linguistenkreis*

Der Prager Linguistenkreis gründete sich Ende der zwanziger Jahre des 20. Jahrhunderts. Seine wichtigsten Vertreter waren Josef Vacek (geb. 1909), der in Wien lebende, aber aus Russland stammende Fürst Nikolaj Trubetzkoy (1890–1938), Villém Mathesius (1882–1945) und Roman Jakobson (1896–1982). Daneben zählten auch B. Havránek, A. V. Isaèenko, V. Skalièka, B. Trnka, zu diesem Kreis. Die Prager strukturalistische Schule hat faktisch die Linguistik in (fast) ganz Europa beeinflusst. Mit ihr kooperierten oder aber von ihr beeinflusst wurden Karl Bühler, André Martinet, Lucien Tesnière und viele andere.

Die methodologischen Prinzipien finden sich in den Thesen zum I. Linguistenkongress in Den Haag 1928 sowie in der überarbeiteten Fassung der Thesen zum I. Slavistenkongress 1929 in Prag.

*strukturalistische Zielsetzung*

Die Prager Schule orientierte sich wesentlich an den methodologischen Grundsätzen und Prinzipien von Saussures *Cours*, erweiterte diese aber um eine funktionale Perspektive, die nach der kommunikativen Funktion der Sprache in der Gesellschaft fragte. Die Untersuchungen des Sprachsystems und seiner Elemente dienten nicht nur der strukturalistischen Zielsetzung, die Werte der sprachlichen Elemente in Relation zu den anderen Elementen innerhalb des Sprachsystems zu sehen, sondern auch ihrem Zweck und ihrer Funktion in der Kommunikation. Für das Sprachsystem selbst nimmt die Prager Schule an, dass es aus einem komplexen Geflecht interagierender Subsysteme besteht, die jeweils eigenen strukturellen Bedingungen unterliegen und insofern isoliert studiert und erforscht werden können.

*distinktive Merkmale*

*Phonem*

Speziell den Bereich der Phonologie hat die Prager Schule maßgeblich geprägt. Basierend auf den Begriffen der *distinktiven Merkmale* und der *Opposition* konnte das Phonem als das kleinste Glied einer sprachlichen Opposition und als Bündel distinktiver Merkmale charakterisiert werden.

Trubetzkoy (1939:39) definiert das Phonem in seiner für die Phonologie bahnbrechenden Arbeit *Grundzüge der Phonologie* folgendermaßen: „Das Phonem kann weder von seiner psychologischen Natur aus noch von seiner Beziehung zu den phonetischen Varianten befriedigend definiert werden, sondern einzig und allein von seiner Funktion im Sprachgebilde. Ob man es nun als kleinste distinktive Einheit (L. Bloomfield) oder als Lautmal am Wortkörper (K. Bühler) bezeichnet – alles das kommt auf eines *phonologische Opposition*

hinaus: nämlich darauf, dass jede Sprache distinktive („phonologische“) Oppositionen voraussetzt, und dass das Phonem ein in noch kleinere distinktive („phonologische“) Einheiten nicht weiter zerlegbares Glied einer solchen Opposition ist.“

Das Phonem wird damit zu einer für das Sprachsystem relevanten Einheit, die weitgehend unabhängig von den konkreten Sprechlauten ist. Damit wird das von Saussure vorgeschlagene Programm, dass nur der Wert eines sprachlichen Objekts für das Sprachsystem relevant ist, konsequent eingelöst. Fortan kann die Phonologie als abstrakte Theorie betrieben werden, die unabhängig von der konkreten phonetischen Realisierung bestehen kann.

*Phonologie als abstrakte Theorie*

Allerdings hat schon Jakobson darauf hingewiesen, dass Phoneme nicht die kleinsten phonologisch relevanten Einheiten sind, sondern dass sich Phoneme aus separierbaren Lauteigenschaften (*phonologischen Merkmalen*) zusammensetzen und ein universelles Inventar distinktiver Merkmale bilden, die für alle Sprachen gelten.

Auf die Entwicklung der generativen Transformationsgrammatik war die von Trubetzkoy eingeführte Ebene der Mor(pho)-phonologie, auf der die wechselnde phonologische Gestalt morphologischer Einheiten beschrieben wird, von nachhaltigem Einfluss.

*Funktionalen Satzperspektive*

Eine weitere von der Prager Schule begründete und entwickelte Richtung der modernen Sprachwissenschaft besteht in der so genannten Funktionalen Satzperspektive, der zu Folge die Gliederung des Satzes nicht ausschließlich nach der formalen Subjekt-Prädikat-Gliederung vorgenommen wird, sondern nach der Gliederung in alte (*Thema*) vs. neue (*Rhema*) Information. Mathesius geht davon aus, dass das Ziel der kommunikativen Funktion im Wesentlichen darin besteht, neue Mitteilungen zu vermitteln. Der Satz wird daher nicht mehr nach seiner formalen Struktur, sondern nach seiner *Informationsträchtigkeit* gegliedert. Die Position von Thema-Rhema ist der primäre formale Ausdruck dieser funktionalen Satzperspektive. In ‚objektiver‘ Stellung steht das Thema vor dem Rhema, in ‚subjektiver‘ umgekehrt.

**Merksatz**

Die Prager Schule schafft die Grundlagen für die Klassifikation der phonologischen Opposition sowie für die Klassifikation der Phonemvarianten. Sie begründet die funktionale Satzperspektive.

## Die Kopenhagener Schule 4.3

Die Kopenhagener Schule wurde zu Beginn der dreißiger Jahre des zwanzigsten Jahrhunderts von Viggo Brøndal und Louis Hjelmslev gegründet und stellt eine Fortsetzung und formale Explikation der Ideen Saussures dar. Weitere Vertreter der *Kopenhagener Schule* sind E. Fischer-Jørgensen, K. Togeby und H. J. Uldall.

*formales Axiomensystem*

*Glossematik*

Hjelmslev, dessen Vater Professor für Mathematik war, versucht eine stringente mathematische Konzeption vorzulegen, die die Strukturen und die Relationen zwischen den verschiedenen Elementen des Sprachsystems auf der Basis eines formalen Axiomensystems definiert, das auf dem mathematischen Konzept der *Algebra* basiert. Hjelmslevs *Glossematik* (von griech. *glossa*, Sprache) unterscheidet sowohl für die *Ausdrucks-* wie für die *Inhaltsseite* sprachlicher Einheiten einen *Form-* und einen *Substanzaspekt*. Die invarianten Minimaleinheiten der Ausdrucksebene, die *Keneme*, und die invarianten Minimaleinheiten der Inhaltsebene, die *Plereme*, werden unter dem Obergriff der *Glosseme* zusammengefasst. Keneme entsprechen den phonologischen, Plereme den semantischen Merkmalen. Die Kenematik und die Plerematik gehören nach Hjelmslev zu den Formeigenschaften (*Ausdrucks- vs. Inhaltsform*) der Sprache und stellen den eigentlichen sprachwissenschaftlichen Forschungsbereich dar. Demgegenüber gehören *Ausdrucks- und Inhaltssubstanz* (Phonetik und Semantik) nicht zum eigentlichen Gegenstand linguistischer Beschreibung.

*Glosseme*

*Kenematik*

*Plerematik*

*widerspruchsfreie und vollständige Beschreibung*

Die wesentliche Zielsetzung der Glossematik besteht in der Formulierung mathematisch exakt definierter Konzepte zur Beschreibung der grammatischen Eigenschaften von Einzelsprachen und deren Abstraktion zu universellen (typologischen) Charakteristika. Dabei wird die Annahme zugrundegelegt, dass Sprache auf einem autonomen Kenntnissystem basiert, dessen innere Struktur unabhängig von den Funktionen ihres Gebrauchs zu beschreiben ist. Unter dem Einfluss des Wiener Kreises, einem Verband von Naturwissenschaftlern, Philosophen, Mathematikern und Logikern (Schlick, Whitehead, Russell, Carnap u. a.), setzten sich auch die Mitglieder der Kopenhagener Schule das Ziel, eine axiomatisch-deduktive Sprachtheorie zu entwickeln, die auf einer widerspruchsfreien und vollständigen Beschreibung basiert. „Die Beschreibung soll widerspruchsfrei, erschöpfend und so einfach wie möglich sein. Die Forderung nach Widerspruchsfreiheit ist der Forderung erschöpfender Beschreibung übergeordnet. Die Forderung nach erschöpfender Beschreibung ist der Forderung nach Einfachheit übergeordnet." (Hjelmslev 1974:15)

Die Prinzipien der Sprachanalyse basieren auf den Begriffen *Ausdruck* vs. *Inhalt* und *Form* vs. *Substanz*, die die physikalischen Aspekte von den Bedeutungsaspekten trennen. Beide Begriffe finden wir bereits in Saussures Zeichentheorie, in der das Lautbild dem Ausdruck und die Vorstellung dem Inhalt entspricht. „So ist das Wort *Bank* ein Zeichen für dieses bestimmte Ding in meinem Garten, und dieses Ding geht in gewissem (traditionellen) Sinn nicht in das Zeichen selber ein. Aber dieses Ding in meinem Garten ist eine Inhaltssubstanzgröße, die durch die Bezeichnung einer *Inhaltsform* zugeordnet wird und die unter dieser mit verschiedenen anderen Inhaltssubstanzgrößen (z. B. dem Geldinstitut) eingeordnet wird. Dass ein Zeichen ein Zeichen für etwas ist, bedeutet somit, dass die Inhaltsform des Zeichens dieses Etwas als *Inhaltssubstanz* subsumieren kann. [...] man sollte eigentlich mit genau demselben Recht sagen können, dass ein Zeichen ein Zeichen für eine *Ausdruckssubstanz* ist: die Lautfolge [bank] selbst, als einmaliges Phänomen, hic et nunc ausgesprochen, ist eine Ausdruckssubstanzgröße, die durch die Bezeichnung kraft des Zeichens und nur kraft dessen einer *Ausdrucksform* zugeordnet wird und unter derselben mit verschiedenen anderen Ausdruckssubstanzgrößen (anderen möglichen Aussprachen desselben Zeichens von anderen Personen oder bei anderen Gelegenheiten) eingeordnet wird." (Hjelmslev 1974: 60).

*Inhaltsform*

*Inhaltssubstanz*

*Ausdruckssubstanz*

*Ausdrucksform*

*Ausdruck vs. Inhalt*

*Form vs. Substanz*

Aus den Paarungen der Begriffe *Ausdruck* vs. *Inhalt* und *Form* vs. *Substanz* lassen sich die Kerndisziplinen der Sprachwissenschaft als verschiedene Ebenen (*Strata*) der sprachwissenschaftlichen Forschung definieren:

(3) Phonetik = Substanz des Ausdrucks
Phonologie = Form des Ausdrucks
Grammatik = Form des Inhalts (Syntax, Morphologie)
Semantik = Substanz des Inhalts (Konzepte, Welt)

Dabei gehören die Substanz des Inhalts und die Substanz des Ausdrucks nicht im eigentlichen Sinne zur grammatischen Beschreibung, sondern sind als sprachexterne Komponenten aufzufassen. Wie wir sehen werden, findet sich diese Deutung der phonetischen und der semantischen Komponente auch in der Theorie der generativen Grammatik wieder, in der die Phonetische Form und die Logische Form als Schnittstellen zu anderen kognitiven Modulen angesehen werden.

Zusammenfassend lassen sich die Unterscheidungen und Zuordnungen der glossematischen Konzepte in der folgenden Grafik veranschaulichen:

(4)

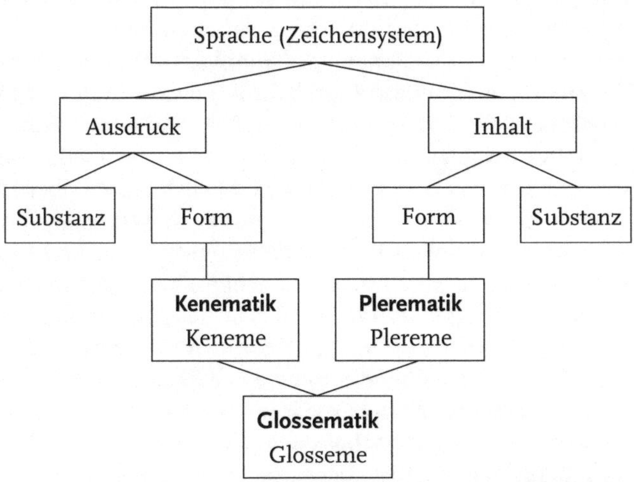


**Merksatz**

Die Glossematik ist eine mathematisch axiomatische Theorie der Sprache. Ihre Hauptunterscheidungen führen zu einer Ausdrucks- und einer Inhaltsseite, die ihrerseits wieder in Substanz und Formaspekte gegliedert sind.

## Strukturalismus in Amerika 4.4

*amerikanische Sprachwissenschaft*

Auch in Amerika wurden die strukturalistischen Ideen aufgegriffen und in spezifischer Weise weiterentwickelt. Die amerikanische Sprachwissenschaft war im neunzehnten Jahrhundert und noch zu Beginn des zwanzigsten Jahrhunderts stark von der europäischen Sprachwissenschaft geprägt. Erst nach Beginn des zwanzigsten Jahrhunderts entwickelte sich auf der Basis der Arbeiten von Franz Boas (1858–1942), Edward Sapir (1884–1939) und Leonard Bloomfield (1887–1949) eine eigene Richtung des Strukturalismus. Die einzige herausragende Figur im 19. Jahrhundert war William Dwight Whitney (1827–1894), ein auch in Europa anerkannter Indologe und allgemeiner Sprachwissenschaftler.

Die aussterbenden Indianersprachen Nordamerikas veranlassten Anthropologie und Sprachwissenschaft zu enger Zusammenarbeit. Franz Boas begründete die enge Verbindung zwischen beiden Bereichen, um die grammatische Beschreibung der indigenen Sprachen Nordamerikas zu ermöglichen. Er vertrat die Ansicht, dass die Kultur die Sprachform prägt und nicht umgekehrt. Mit ihm und seinen Arbeiten über die Kultur und die Sprachen der Indianer Nordamerikas beginnt die Geschichte des amerikanischen Strukturalismus. Edward Sapir und Leonard Bloomfield wurden wesentlich von Boas' Arbeiten beeinflusst.

*Anthropologie*

*Sprachwissenschaft*

*Edward Sapir*

Edward Sapir studierte in New York Deutsche Philologie und Indogermanistik und schrieb seine Magisterarbeit über Herders Theorie *Über den Ursprung der Sprache*. Er betrieb sowohl Feldforschung und dokumentierte dabei eine erhebliche Anzahl der nordamerikanischen Indianersprachen als auch theoretische Linguistik. Auch Sapir vertrat die Ansicht, dass die Kultur die sprachliche Form prägt, und insofern ist er Mitbegründer der Sapir-Whorf-Hypothese über die sprachliche Relativität. F. J. Newmeyer (1986:4) schreibt Sapir sogar zu, die wesentlichen Prinzipien strukturalistischer Sprachwissenschaft bereits vor der Publikation von Saussures *Cours* ausgearbeitet zu haben.

*Sapir-Whorf-Hypothese*

Sapir lässt sich als Mentalist klassifizieren, der von einer zugrunde liegenden mentalen Realität der sprachlichen Fähigkeiten von Menschen ausging, deren Eigenschaften und Organisationsform durch die Betrachtung sprachlicher Äußerungen und Introspektion studiert und erkannt werden kann.

*Leonard Bloomfield*

Leonard Bloomfield begann 1913 mit Studien der historisch-vergleichenden Sprachwissenschaft in Europa und zwar bei den Junggrammatikern August Leskien und Karl Brugmann in Göttingen und Leipzig und arbeitete im Rahmen der historisch-vergleichenden Sprachwissenschaft bei Jacob Wackernagel (1853–1938) im Bereich Indologie und Iranistik. Er wurde 1935 zum Präsidenten der LSA (Linguistic Society of America) ernannt.

Bloomfield lässt sich einer empiristisch mechanistischen Richtung innerhalb der Sprachwissenschaft zuordnen, da sein theoretisches Bestreben wesentlich darin bestand, nur operationalisierbare und auf direkter Beobachtung basierende Phänomene und Generalisierungen zuzulassen, die auf der Basis mechanischer Prozeduren formuliert werden konnten. „The only useful generalization about language are inductive generalizations. Features which we think ought to be universal may be absent from the very next language that becomes accessible.“ (Bloomfield

1933:20). In Anlehnung an die behavioristische Psychologie, die ebenfalls mit der naturwissenschaftlichen Methode der exakten Analyse die Daten objektiv erfassen wollte, blieb die Vorgehensweise also rein deskriptiv und verzichtete weitgehend auf semantische Aspekte der sprachlichen Formen, da diese einer direkten Beobachtung nicht zugänglich waren. Phonologie und Grammatik erschöpften sich in *Segmentierung* und *Klassifizierung* der einzelnen sprachlichen Elemente und ihrer *Distribution*. Das derart formulierte Programm hat dieser rein auf Oberflächenbeobachtung beruhenden Richtung der Sprachwissenschaft die Bezeichnung *Antimentalismus* eingetragen.

*behavioristische Psychologie*

*Segmentierung*

*Klassifizierung*

*Antimentalismus*

Das Ziel der Bloomfield-Linguistik bestand darin, die Grammatik durch die Anwendung von Operationen auf Datenkorpora aufzudecken und sich mit der Anwendung einer Operation jeweils einen Schritt näher an die Grammatik heranzubewegen. Der physikalisch realisierte Lautstrom diente dabei als einzige objektiv überprüfbare Evidenz für den Ausgangspunkt der Theoriebildung. Ihn in einzelne Phone zu zerlegen, war der erste Schritt der Analyse. Phone wurden zu Phonemen zusammengefasst, wenn sie nicht *kontrastierten*, d.h. wenn sie in komplementärer Distribution oder in freier Variation in einer Umgebung auftraten. Der nächste Schritt bestand darin, Phonemverbindungen zu Morphen zusammenzufassen und diese ihrerseits nach den Kriterien der komplementären Distribution und phonemischer Ähnlichkeit zu Morphemen zu bündeln. Die Behandlung der Morpheme in der Syntax geschah durch eine *top-down-* oder eine *bottom-up*-Analyse, die zu den unmittelbaren Konstituenten (*immediate constitutent analysis ICA*) führte, welche von Harris im Hinblick auf ihre Distribution verschiedenen syntaktischen Kategorien zugeordnet wurden (Distributionalismus).

*komplementäre Distribution*

*freie Variation*

*Distributionalismus*

Mitte der fünfziger Jahre begann Harris, Prozeduren zu entwickeln, mit deren Hilfe sich syntaktische Relationen zwischen Sätzen ausdrücken ließen. So lässt sich etwa der Zusammenhang zwischen Aktiv- und Passivsätzen als eine Transformation des Aktivsatzes in den Passivsatz folgendermaßen ausdrücken:

| | | | | |
|---|---|---|---|---|
| (5) | (i) | (weil) Paul | die Katze | gestreichelt hat |
| | | $NP_1$ | $NP_2$ | $V$ |
| | (ii) | (weil) die Katze | (von Paul) | gestreichelt wird |
| | | $NP_2$ | (von $NP_1$) | $V_{pass}$ |

(6) Transformation: $NP_1\ NP_2\ V \longrightarrow NP_2$ (von $NP_1$) $V_{pass}$

*Transformation*

Dabei wird auf die Konstituentenfolge in (5) (i) die Transformation in (6) angewendet, so dass sich die Konstituentenfolge in (5) (ii) ergibt.

Diese Rekonstruktion der Zusammenhänge zwischen verschiedenen Oberflächen-Konstruktionen bei im Wesentlichen gleicher Bedeutung war die Vorstufe des Transformationskonzeptes, welches Noam Chomsky (*1928) in der Folgezeit in die generative Transformationsgrammatik (gTG) übernommen und schrittweise abstrahiert hat.

*wissenschaftstheoretische Debatte*

*Operationalisierbarkeit*

*Korrespondenztheorie der Wahrheit*

*Verifikation*

*Falsifikation*

Das Bloomfield'sche Forschungsprogramm mit seinem überhöhten Anspruch in der Entsprechung empirischer Daten und theoretischer Konzepte fand vor dem Hintergrund einer wissenschaftstheoretischen Debatte, die zu Beginn der fünfziger Jahre von dem Philosophen Carl Gustav Hempel (1905–1997) weitgehend beendet wurde, seinen Niedergang. Der theoretische Status empiristischer Theorien und der Anspruch ihrer strikten Operationalisierbarkeit wurde dabei generell in Zweifel gezogen, weil sich keine direkte Verbindung zwischen den theoretischen Konzepten einer Theorie und den empirischen Objekten, denen sie entsprechen sollen, rekonstruieren lässt. Die Entsprechung wissenschaftlicher Theorien mit der Wirklichkeit (Korrespondenztheorie der Wahrheit) wurde problematisch. Die *Verifikation* wissenschaftlicher Hypothesen und Theorien erwies sich als nicht einlösbar, bestenfalls war ihre *Falsifikation* möglich (Popper 1934). Eine wissenschaftliche Theorie sollte den folgenden Kriterien genügen (vgl. Hempel 1950:74):

(7) (i) Klarheit und Präzision der Begriffe und ihrer logischen Beziehungen untereinander und zu den empirischen Daten
(ii) Erklärende und vorhersagende Kraft des Systems im Hinblick auf die beobachtbaren Daten
(iii) Formale Einfachheit, die einhergeht mit systematischer Erklärungskraft
(iv) Die Bestätigung durch experimentelle Evidenz

*Kohärenztheorie der Wahrheit*

Diese Konzeption führte zu der Auffassung, dass wissenschaftliche Theorien axiomatische Systeme mit empirischer Interpretation sein sollten (*Kohärenztheorie* der Wahrheit). Unter dieser Sichtweise entwickelt sich in der Folgezeit die generative Transformationsgrammatik. Bevor wir diese Sprachtheorie näher betrachten, müssen wir jedoch verschiedene andere Entwicklungen erläutern, damit deutlich wird, in welch umfassendem Sinne die generative Grammatik die bis dato vorgeschlagenen Theorien als Teilsysteme integriert.

**Merksatz**

Der amerikanische Strukturalismus Bloomfield'scher Prägung bemüht sich um naturwissenschaftliche Methoden der exakten Analyse, um die Daten objektiv erfassen zu können. Die Vorgehensweise bleibt rein deskriptiv und führt zum Antimentalismus.

**Literatur**

**Allgemeine Literatur:**

Bierwisch, Manfred (1980): Semantic Structure and Illocutionary Force. In: Searle, John R./Kiefer, Ferenc/Bierwisch, Manfred (Hgg.): *Speech Act Theory and Pragmatics*. Dordrecht: D. Reidel, 1–35.

Hempel, Carl Gustav (1950): Problems and Changes in the Empiricist Criterion of Meaning. In: *Revue Internationale de Philosophie* 11, 41–63.

Hjelmslev, Louis (1974): *Prolegomena zu einer Sprachtheorie*. München: Hueber. (= *Linguistische Reihe, Band* 9)

Husserl, Edmund (1913): *Logische Untersuchungen, Zweiter Band, 1. Teil*. Halle an der Saale: Niemeyer, 305 ff.

Newmeyer, Frederick J. ($1986^2$): *Linguistic Theory in America*. Orlando et al.: Academic Press.

Newmeyer, Frederick (1998): *Language Form and Language Function*. Cambridge, Mass.: MIT-Press.

Vater, Heinz (1982): *Strukturalismus und Transformationsgrammatik*. Trier: WVT Wissenschaftlicher Verlag.

**Amerikanischer Strukturalismus:**

Bloomfield, Leonhard (1933): *Language*. New York: Henry Holt.

Boas, Franz (1911): *The mind of primitive man.* New York: Free Press.

Boas, Franz (1911–38): *Handbook of American Indian languages.* Part 1: 1911; 2: 1922; 3: 1933–38. Washington: Smithsonian Institution. (= Bureau of American Ethnology Bulletin 40)

Carroll, John B. (1955):*The study of language.* A survey of linguistics and related disciplines in America. Cambridge, Mass.: MIT Press.

Harris, Zellig S. (1946): From morpheme to utterance. In: *Language* 22, 161–183. Abgedr.: Joos (Hg.) 1957: 142–153.

Harris, Zellig S. (1954): Distributional structure. In: *Word* 10, 146–162.

Harris, Zellig S. (1955): From phoneme to morpheme. In: *Language* 31, 190–222.

Hockett, Charles F. (1958): *A course in modern linguistics.* New York: MacMillan.

Longacre, Robert E. (1964): *Grammar discovery procedures.* The Hague: Mouton.
Nida, Eugene A. (1948): The analysis of grammatical constituents. In: *Language* 24, 168–177.
Pike, Kenneth L. (1947): *Phonemics.* A technique for reducing languages to writing. Ann Arbor: University of Michigan Press.
Pike, Kenneth L. (1959): Language as particle, wave and field. In: *The Texas Quarterly* 2, 37–54.
Pike, Kenneth L. (1967): *Language in relation to a unified theory of the structure of human behaviour.* The Hague: Mouton.
Sapir, Edward (1921): *Language.* New York: Harcourt Brace.
Swadesh, Morris (1934): The phonemic principle. In: *Language* 10, 117–129.
Wells, Rulon S. (1947): Immediate constituents. In: *Language* 23, 81–117. Abgedr.: Joos (Hg.) 1958, 186–207; 1963, 180–209.

# Dependenz- und Valenzgrammatik 5

- Dependenz
- Valenz
- Argumente und Argumentstruktur
- Kasusgrammatik

Die Valenz- bzw. Dependenzgrammatik wurde von dem französischen Strukturalisten Lucien Tesnière (1893–1954) begründet. Das zentrale Werk Tesnières, *Eléments de syntaxe structurale*, wurde erst 1959 posthum veröffentlicht. Der zentrale Gegenstand der Dependenzgrammatik bestimmt sich durch die Abhängigkeiten (Dependenzen), die zwischen den einzelnen Elementen eines Satzes bestehen können. Ein einzelnes Element des Satzes, das durch eine Abhängigkeitsbeziehung mit einem anderen verbunden ist, nennt Tesnière Kern (*Nukleus*), die Verbindung zwischen zwei Kernen *Konnexion*. Die Konnexion ist eine *grammatische Relation*, die die einzelnen Teile eines Satzes erst zu einem Ganzen verbindet.

*Dependenz*

*Nukleus*

*Konnexion*

Die zentrale Idee basiert darauf, dass zwischen zwei syntaktisch verbundenen Elementen (*Konnexion*) eines das *regierende* und das andere das *regierte* Element ist. Dabei entsteht eine *Dependenzordnung*, die sich mit Hilfe einer Baumstruktur, einem *Stemma*, darstellen lässt. Die Dependenzrelationen werden durch Knoten und Kanten dargestellt. Die regierenden Knoten stehen oberhalb der regierten Knoten. Das Verb wird in der Dependenzgrammatik als derjenige Teil angesehen, von dem alle anderen Glieder des Satzes direkt oder indirekt abhängig sind, und folglich bildet es den obersten Knoten, von dem mehrere Konnexionen ausgehen können. Die vom Verb regierten Kerne (Nuklei) heißen Aktanten (Subjekt und Objekte) und Zirkumstanten (Adverbiale). Das folgende Stemma zu dem Satz *Der Bock mag das Heu nicht sehr* drückt die relevanten Dependenzverhältnisse aus (vgl. Heringer 1988:17).

*Dependenzordnung*

*Nukleus*

*Aktanten*

*Zirkumstanten*

Die gestrichelten Linien verbinden die Elemente mit ihren Kategoriensymbolen. Konnexionen werden durch einfache vertikale Striche dargestellt. Das Verb als Hauptregent des Satzes regiert zwei nominale und ein adverbiales Element. Die beiden Nomina regieren jeweils einen Artikel. Die Gradpartikel *sehr* regiert das Negationselement *nicht*:

(1)

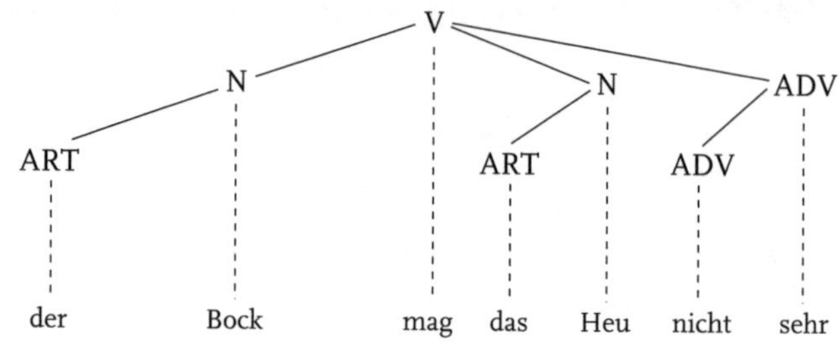


*Junktion*
*Translation*

Neben der Konnexion kann auch die Relation der *Junktion* (Nebenordnung) oder der *Translation* bestehen. Junktive stehen zwischen Knoten (*internuklear*), während Translative innerhalb von Knoten (*intranuklear*) stehen. Junktionen entsprechen Koordinationsstrukturen. Dabei werden etwa zwei Kerne durch ein *Junktiv* (*und, aber, oder*) einander nebengeordnet: *Karl und Clara spielen mit dem Ball.*

Translationen bewirken eine Veränderung der Kategorie, so dass Konnexionen zum nächsthöheren Regens möglich werden. In dem nominalen Ausdruck *der Hund von Fritz* fungiert die Präposition *von* als *Translativ*, um den Eigennamen *Fritz* in ein Adjektiv zu überführen, welches von dem Nominal *Hund* regiert werden kann. Diese Ausdrucksweise ist allerdings ein wenig irreführend, da hier kein Kategorienwechsel stattfindet.

*Inhaltswörter*
*Funktionswörter*

Tesnière unterscheidet zwischen vollen und leeren Wörtern. Volle Wörter sind *Inhaltswörter* mit eigener lexikalischer Semantik. Leere Wörter sind demgegenüber *Funktionswörter* (*Junktive* und *Translative*). Es ergeben sich also die beiden folgenden Klassen.

(2)

| Volle Wörter (*mots pleins*) | Leere Wörter (*mots vides*) |
|---|---|
| I – Verben | j – Junktive |
| E – Adverbien | t – Translative |
| O – Substantive | |
| A – Adjektive | |

Generell lässt sich zur Grundidee der Dependenzgrammatik sagen, dass sie in der wahrnehmbaren linearen Struktur der Wortkette einen hierarchischen Strukturaspekt sieht, der als grammatische Relation zwar theoretisch rekonstruiert werden kann, sich der Wahrnehmung aber entzieht. Tesnière nimmt damit abstrakte Abhängigkeiten zwischen den Elementen des Satzes an, die in der generativen Grammatik zum zentralen Gegenstand der Forschung werden.

In verschiedenen Arbeiten wurde versucht, die Dependenzgrammatik auf das Deutsche anzuwenden, so beispielsweise von Hans Jürgen Heringer (1972, 1973), Johannes Erben (1980) und Ulrich Engel (1982, 1988). Dies ging einher mit der Erhöhung der Aktantenzahl, die von Autor zu Autor unterschiedlich ist, und einer differenzierteren Behandlung von Genitiv- und Präpositionalobjekten sowie Adverbialbestimmungen und deren Status als Ergänzungen oder freie Angaben. Die fürs Deutsche typische Statusrektion bei komplexen Verbalkonstruktionen führte zu weiteren Differenzierungen. Insgesamt lässt sich aber feststellen, dass die Dependenzgrammatik als eine Teiltheorie vollständig in die generative Grammatiktheorie aufgenommen wurde.

## 5.1 Valenztheorie

Die Valenztheorie steht in engem Zusammenhang mit der Dependenzgrammatik, denn sie fragt generell, welche Arten von sprachlichen Ausdrücken bestimmte Elemente anziehen können. Sowohl die Bezeichnung als auch die dahinter liegende Metapher sind dem Periodensystem der Elemente aus der Chemie entliehen. Dieses spezifiziert die (Un-)Vollständigkeit der Elemente in Abhängigkeit von ihrer Valenz. Gesättigte Atome sind die Edelgase, die in einem gewissen Sinne vollständig sind, weil die Anzahl ihrer Elektronen gleich der Anzahl ihrer Protonen ist. Den weiter links von den Edelgasen angeordneten Elementen fehlt die entsprechende Anzahl von Elektronen. Diese Metapher dient der Valenztheorie als Hintergrund für die Spezifikation sprachlicher Ausdrücke die (un-)vollständig sind. Entsprechend versteht man unter Valenz die Fähigkeit sprachlicher Ausdrücke, eine bestimmte Anzahl von sprachlichen Einheiten eines je spezifischen Typs anzuziehen. Insbesondere die Verben stellen Bezüge zwischen einzelnen Konstituenten innerhalb eines Satzes her. So bezieht etwa das Verb *streicheln* in einem Satz wie *Karl streichelt die Katze* die beiden Nominalphrasen *Karl* und *die Katze* in einer spezifischen Weise aufeinander. Setzt man für *streicheln* das Verb *schlagen* ein, so wird ein anderer Bezug zwischen *Karl* und *die Katze* hergestellt. Wir können sagen, dass Verben Relationen zwischen Individuen und Sachverhalten her-

*Periodensystem der Elemente*

*Valenz*

stellen. Die Verben des Deutschen variieren hinsichtlich ihrer Stelligkeit und des Typs der Argumente, die sie fordern.

*Argumente von Verben*

Die Argumente von Verben lassen sich nach ihrer Anzahl und Kategorie unterscheiden:

(3) (i) 0-stellig: regnen, schneien, donnern, blitzen, ...
(ii) 1-stellig (intransitiv): schlafen, wiehern, gehen, schnarchen, schwimmen, ...
(iii) 2-stellig (transitiv): Akk: schlagen, nehmen, heben, betrachten, streicheln, ...
Dat: helfen, gehören, ähneln, ...
Gen: gedenken, bedürfen, ermangeln, entraten, ...
(iv) 3-stellig (bitransitiv): Akk & Dat: geben, schulden, schenken, widmen, verbitten, ...
Akk & Gen: beschuldigen, zeihen, ...
Akk & Präp: beglückwünschen, verraten, hindern, bitten, ...
Dat & Präp: trachten, danken, ...
(v) Präpositionalobjekt: achten, wohnen, dauern, entstehen, warten, ...
(vi) reflexiv: abmühen, auskennen, beeilen, verlieben, weigern, ...
(vii) finiter Satz: glauben, meinen, fragen, behaupten, wissen, ...
(viii) infiniter Satz: versuchen, versprechen, befehlen, sehen, scheinen, ...

Die Valenz eines Verbs (oder eines Elementes einer anderen Kategorie) gibt die Anzahl der Argumente an, die dieses Element obligatorisch fordert. So ist ein Satz wie

(4) *Egon gibt Paul.

unvollständig, weil das Verb *geben* drei Argumentstellen besitzt, von *Egon* und *Paul* aber insgesamt nur zwei Argumentstellen besetzt werden. Es muss ein weiteres Argument hinzutreten, um diese Stelle zu besetzen:

(5) (i) Egon gibt Peter die Bücher.
(ii) Es regnet.
(iii) Der Opa schläft.
(iv) Der Wagen steht in der Garage.
(v) Paul behauptet, dass Ede das Geld geklaut hat.

*Subjekt*

Es gibt bei Verben ein ausgezeichnetes Argument: das *Subjekt*. Die anderen Argumente sind die *Komplemente*. Die Argumente lassen sich also nach der folgenden Gleichung angeben:

(6) Argumente = Subjekt + Komplemente

*Weglass-Probe*

Die Valenz von Verben lässt sich durch die Weglass-Probe ermitteln: Wenn eine Konstituente weggelassen werden kann, ohne dass der Satz ungrammatisch wird, gehört sie nicht zur Valenzstruktur des Verbs:

(7) (i) Maria gab Hans am Montag um 15 Uhr mitten auf dem Ebertplatz in Köln eine Ohrfeige, dass es nur so krachte.
(ii) Maria gab Hans eine Ohrfeige.
(iii) *Maria gab Hans.

*Argumente von Adjektiven*

Die Argumente von Adjektiven werden sowohl in attributiver Verwendung als auch in prädikativer Verwendung nach links regiert:

(8) (i) der [$_{AP}$ [$_{NP}$ seiner Sache] sichere] Diplomat
(ii) der [$_{AP}$ [$_{NP}$ dem König] treue] Diener
(iii) der [$_{AP}$ [$_{NP}$ fünf Pfund] schwere] Sack
(iv) der [$_{AP}$ [$_{PP}$ auf [$_{NP}$ sein neues Fahrrad]] stolze] Junge
(v) der Diplomat ist sich [$_{AP}$ [$_{NP}$ seiner Sache] sicher]
(vi) der Diener ist [$_{AP}$ [$_{NP}$ dem König] treu]
(vii) der Sack ist [$_{AP}$ [$_{NP}$ fünf Pfund] schwer]
(viii) der Junge ist [$_{AP}$ [$_{PP}$ auf [$_{NP}$ sein neues Fahrrad]] stolz]

*Dimensions-Adjektive*

Dimensions-Adjektive wie *lang*, *hoch*, *groß* sind (syntaktisch gesehen) einstellig:

(9) (i) x ist lang/hoch/groß.
(ii) Dieser Elefant ist groß.

*implizites Argument*

Man versteht aber stets eine Bezugsgröße, denn diese Dimensionsadjektive haben ein implizites Argument, relativ zu dem sie interpretiert werden. So ist ein Elefant dann als groß zu bezeichnen, wenn er die Durchschnittsgröße von Elefanten übertrifft. Und ein Elefant ist dann als klein zu bezeichnen, wenn seine Größe unter diesem Durchschnitt liegt. (Dasselbe gilt für eine Mücke!)

Komparation von (Dimensions-)Adjektiven macht das implizite Argument syntaktisch sichtbar, wodurch eine von einem syntaktischen Argument gelieferte Bezugsgröße zu dem von dem Adjektiv ausgedrückten Vergleich herangezogen werden kann:

(10) (i) x ist länger/höher/größer als y.
(ii) Dieser Elefant ist größer als jene Giraffe.

*Argumente von Präpositionen*

Die Argumente von Präpositionen sind Nominalphrasen, die in den Kasus Genitiv, Dativ und Akkusativ auftreten können. Präpositionen regieren ihre Komplemente i. d. R. nach rechts:

(11) (i) $[_{\text{PP}}$ trotz $[_{\text{NP}}$ dieser widrigen Umstände]]
(ii) $[_{\text{PP}}$ auf $[_{\text{NP}}$ dem Dach]]
(iii) $[_{\text{PP}}$ in $[_{\text{NP}}$ die Schule]]

Einzelne Präpositionen (Postpositionen) regieren wahlweise auch nach links und können Kasus-Alternation aufweisen:

(12) (i) $[_{\text{PP}}$ wegen $[_{\text{NP}}$ des Wetters]]
(ii) $[_{\text{PP}}$ $[_{\text{NP}}$ des Wetters] wegen]
(iii) $[_{\text{PP}}$ entlang $[_{\text{NP}}$ des Flusses]]
(iv) $[_{\text{PP}}$ $[_{\text{NP}}$ den Fluss] entlang]

*Argumente von Nomina*

Die Argumente von Nomina können als Nominalphrasen im Genitiv oder als Präpositionalattribute realisiert werden:

(13) (i) $[_{\text{NP}}$ die Besteigung $[_{\text{NP}}$ des Mount Everest]]
(ii) $[_{\text{NP}}$ $[_{\text{NP}}$ Columbus'] Entdeckung $[_{\text{NP}}$ Amerikas] ]
(iii) $[_{\text{NP}}$ der Bruder $[_{\text{PP}}$ von Otto]]
(iv) $[_{\text{NP}}$ der Bürgermeister $[_{\text{PP}}$ von Köln]]

Syntaktisch gesehen ist die Realisierung von Komplementen von Nomina i. d. R. fakultativ, d. h. die Valenzstellen müssen syntaktisch nicht realisiert werden. Ausnahmen dazu sind etwa die folgenden:

(14) (i) Karl ist ein *Ausbund* $[_{\text{PP}}$ an Hässlichkeit].
(ii) Otto ist der *Inbegriff* $[_{\text{NP}}$ der Blödheit].

*lexikalische Variation*

*Valenzrahmen*

Die Valenz sprachlicher Ausdrücke ist meist nicht eindeutig zu bestimmen. In der Regel beobachtet man das Phänomen der *lexikalischen Variation*, das darin besteht, dass die Realisierung der Valenzstruktur variabel ist. So erlaubt z. B. das Verb *glauben* ganz verschiedene Valenzrahmen:

(15) glauben:
(i) Peter glaubt an den großen Khan.
(ii) Peter glaubt jede Geschichte.

(iii) Peter glaubt, dass er gewinnt.
(iv) Peter glaubt, ihn zu kennen.
(v) Peter glaubt.

Sowohl eine Nominal- und Präpositionalphrase als auch ein finiter und infiniter Satz sind neben der intransitiven Verwendung des Verbs *glauben* möglich.

Zum anderen ist die Realisierung des Valenzrahmens häufig von den Verwendungskontexten abhängig:

(16) (i) Wir haben dieser Einrichtung schon Geld gespendet.
(ii) Wir haben schon Geld gespendet.
(iii) Wir haben schon gespendet.

Die Notwendigkeit der syntaktischen Realisierung von Valenzstellen hängt daher von verschiedenen Bedingungen ab, die in Jacobs (1994) diskutiert und gut zusammengestellt sind.

## 5.2 Kasusgrammatik

Als expliziter Gegenentwurf zur formal orientierten Struktur der generativen Transformationsgrammatik, in der *grammatische Relationen* wie *Subjekt* und *Objekt* formal repräsentiert waren, kann die von Charles Fillmore (1968) begründete Kasusgrammatik gelten. Fillmore zufolge reicht die Charakterisierung grammatischer Relationen für die semantische Interpretation nicht aus, denn in vielen Fällen ist die semantische Rolle eines Aktanten durch die grammatische Relation unterdeterminiert. So kann die (kursiv gesetzte) Nominalphrase *Der Junge* im Nominativ in den folgenden Beispielen ganz unterschiedlich interpretiert werden:

*grammatische Relationen*

*Subjekt*

*Objekt*

(17) (i) *Der Junge* warf den Ball. (Agens)
(ii) *Der Junge* erhielt einen Schlag. (Patiens)
(iii) *Der Junge* erhielt ein Geschenk. (Benefaktiv)

Die einheitlich durch den Nominativkasus spezifizierte grammatische Relation *Subjekt* erlaubt es nicht, die Differenzierungen in der Interpretation (Agens, Patiens, Benefaktiv) auszudrücken. Dies ist hingegen mit den von Fillmore angenommenen Tiefenkasus möglich. Bei diesen handelt es sich um universelle semantische Relationen, die in der vom Verb bezeichneten Situation von den jeweiligen Aktanten übernommen werden können. So selegieren Verben, Nomina und Adjektive eine bestimmte Anzahl von Tiefenkasus, die den Kasusrahmen bilden. Damit werden

*Tiefenkasus*

*Kasusrahmen*

wesentliche Aspekte der syntaktischen und semantischen Valenz und der Realisierung der Argumentstruktur lexikalischer Einheiten durch die Kasusgrammatik geleistet. Die wichtigsten Rollen, die Fillmore einführt, sind *Agens, Instrumental, Objektiv, Dativ* (*Rezipient, Benefaktiv, Experiencer*) und *Lokativ* für den Ort der Handlung. Die Anzahl und die inhaltliche Bestimmung der Tiefenkasus konnte in der Nachfolge Fillmores aber nicht einheitlich bestimmt werden. Von Autor zu Autor variiert nicht nur die Anzahl, sondern auch die inhaltliche Spezifik der einzelnen Rollen. Jedoch zeigte sich auch für die Kasusgrammatik, dass die generative Grammatiktheorie diese Aspekte in Form der Theta-Theorie aufnahm und ihr damit einen systematischen Ort im grammatischen Gesamtsystem zuwies. Aber auch im Rahmen der Theta-Theorie gilt für die syntaktische Strukturbildung das bereits von Fillmore formulierte Prinzip, dass eine semantische Rolle (Theta-Rolle) in einem Satz höchstens einmal auftreten kann.

*Theta-Theorie*

In der modernen lexikalischen Semantik besteht die Möglichkeit der Explikation zwischen der Verschiedenheit der thematischen Rollen, ihrer Interpretation und der Integration der syntaktischen Argumente in die semantische Form der Valenzträger.

**Merksatz**

Die Valenz- und Dependenzgrammatik spezifiziert die fakultativen und obligatorischen Ergänzungen der lexikalischen Einheiten, die in einem Satz auftreten.

**Literatur**

Fillmore, Charles J. (1968): *The Case for Case.* In: Bach, Emmon/Harms, Robert T. (Hg.): *Universals in Linguistic Theory*: 1–88. New York: Holt, Reinhardt and Winston.

Heringer, Hans Jürgen (1996): *Deutsche Syntax dependentiell.* Tübingen: Stauffenburg.

Heringer, Hans Jürgen (1993): Dependency Syntax. Basic Ideas and the Classical Model. In: *HSK* 9, 298–328.

Jacobs, Joachim (1994): *Kontra Valenz.* Trier: Wissenschaftlicher Verlag.

Schumacher, Helmut (Hg.) (1986): *Verben in Feldern. Valenzwörterbuch zur Syntax und Semantik deutscher Verben.* Berlin/New York: Walter de Gruyter.

Tésnière, Lucien (1980): *Grundzüge der strukturalen Syntax.* Hg. und übersetzt von U. Engel. Stuttgart: Klett-Cotta. (Orig. 1959)

Vennemann, Theo (1977): Konstituenz und Dependenz in einigen neueren Grammatiktheorien. In: *Sprachwissenschaft* 2, 259–301.
Welke, Klaus (1988): *Einführung in die Valenz- und Kasustheorie*. Leipzig: Bibliographisches Institut.

# Funktionale Grammatik 6

– syntaktische, semantische und pragmatische Funktionen
– Prädikatsrahmen
– Ausdrucksregeln

## Grundlegende Konzepte 6.1

Die funktionale Grammatik stellt den Versuch dar, die Gesamtheit der Aspekte, die bei der sprachlichen Interaktion auftreten, im Rahmen einer Grammatiktheorie zu erfassen. Dabei werden verschiedene Ebenen der theoretischen Beschreibung sprachlicher Ausdrücke zusammengenommen (Syntax, Semantik, Pragmatik) und ihre wesentlichen Konzepte als ebenbürtige Funktionen innerhalb der Kerngrammatik behandelt. Diese Sprachtheorie wurde von Simon C. Dik (1940–1995) begründet, der in Amsterdam allgemeine Sprachwissenschaft lehrte. Sie greift viele Aspekte des Funktionalismus, etwa der Prager Schule, der Valenztheorie und Prädikatenlogik, der Pragmatik und der kognitiven Linguistik auf. Sprache wird als ein Instrument der sozialen Interaktion zwischen Menschen verstanden, die in erster Linie zum Herstellen kommunikativer Relationen zwischen Sprecher und Hörer dient. Verbale Interaktion wird als Spezialfall sozialen Handelns aufgefasst und stellt eine strukturierte kooperative Aktivität von Menschen dar. Sprache unterliegt daher einerseits den Bedingungen sozialer Normen, Regeln und Konventionen und besitzt andererseits die Instrumente, um diese Interaktion stattfinden zu lassen. Ihre Struktureigenschaften sind durch syntaktische, semantische und phonologische Regeln determiniert.

*Funktionalismus*

*soziale Interaktion*

*kommunikative Relationen*

Die Theorie der funktionalen Grammatik einer einzelnen Sprache sollte alle möglichen sprachlichen Ausdrücke dieser Sprache mit Hilfe signifikanter Generalisierungen und deren Ausdruck in grammatischen Regeln spezifizieren können. Damit unterliegt sie bestimmten Standards der theoretischen Adäquatheit, die auf drei Ebenen zu formulieren sind:

*signifikante Generalisierungen*

(1) (i) *pragmatische Adäquatheit*: Die Theorie der funktionalen Grammatik soll diejenigen Eigenschaften sprachlicher Ausdrücke zutreffend erfassen, die für den kommuni-

kativen Gebrauch relevant sind, so dass ein Bezug zu den zugrundeliegenden Regeln der sozialen Interaktion hergestellt werden kann.

(ii) *psychologische Adäquatheit*: Die Theorie der funktionalen Grammatik soll nicht inkompatibel mit psychologischen Theorien der Sprachverarbeitung sein.

(iii) *typologische Adäquatheit*: Die Theorie der funktionalen Grammatik soll in Begriffen formuliert sein, die in jeder Sprache angewendet werden können.

In der funktionalen Grammatik sind es weniger die rein formalen Merkmale der sprachlichen Ausdrücke als vielmehr deren funktionale Eigenschaften, die die zentrale Rolle spielen. Diese werden auf den drei Ebenen *Syntax*, *Semantik* und *Pragmatik* ausformuliert.

*semantische Funktionen*

Die semantischen Funktionen *Agens*, *Patiens*, *Rezipient* usw. bestimmen die Rollen, die die Partizipanten in den durch die Prädikate bestimmten Situationen und Zuständen einnehmen.

*syntaktische Funktionen*

Die syntaktischen Funktionen *Subjekt*, *Objekt* usw. definieren bestimmte Perspektiven, mit denen Situationen und Zustände sprachlich präsentiert werden. So variiert diese Perspektive etwa bei Aktiv- und Passivsätzen, was sich darin ausdrückt, dass im Satz (2) (i) *Hannah* im Zentrum des Interesses steht, während dies in dem passivierten Satz (2) (ii) das Objekt *Fritz* des Aktivsatzes ist, welches im Passivsatz als Subjekt auftritt:

(2) (i) Hannah sieht Fritz.
(ii) Fritz wird von Hannah gesehen.

*pragmatischen Funktionen*

Die pragmatische Funktionen *Thema* und *Tail*, sowie *Topik* und *Fokus* bestimmen die Informationsstruktur der sprachlichen Ausdrücke und spezifizieren die Relationen zwischen dem Ausdruck und dem Diskurskontext, in den dieser eingebettet ist.

Die zentralen sprachlichen Einheiten der funktionalen Grammatik sind einfache und abgeleitete Prädikate. *Einfache Prädikate* sind Verben wie etwa *geben*, welches drei Argumente fordert, oder Adjektive wie *interessant*, welches ein Argument zu sich nimmt. *Abgeleitete Prädikate* können modifizierte einfache Prädikate sein, etwa *extrem interessant*, *schnell laufen* oder *Arzt (sein)* usw.

*Prädikatsrahmen*

Alle Prädikate einer Sprache sind als Prädikatsrahmen (*predicate frames*) im *Lexikon* gespeichert. Diese Rahmen enthalten Informationen über 1. die syntaktische Kategorie, 2. die Zahl der

Argumente und 3. die semantischen Funktionen der Argumente. Der Prädikatsrahmen für das Verb *geben* hat die folgende Form:

(3) $\text{geben}_{\text{V}}\ (x_1\text{: human}(x_1))_{\text{Ag}}\ (x_2)_{\text{Go}}\ (x_3\text{: animate}(x_3))_{\text{Rez}}$

Es wird deutlich, dass *geben* als Verb kategorisiert ist, welches drei Argumente nimmt. Diese drei Argumente enthalten ihrerseits die folgenden Informationen: Die jeweiligen Indizes geben die Reihenfolge der Argumente an. Die Kennungen *Agens, Goal, Rezipient* spezifizieren die semantischen Funktionen der Argumente, und die Teilprädikate *human* und *animate* formulieren Selektionsrestriktionen für Agens und Rezipient, so dass als Agens nur Ausdrücke zugelassen sind, die Menschen bezeichnen und als Rezipient nur solche Ausdrücke, die belebte Entitäten bezeichnen.

Prädikatsrahmen können durch Nicht-Argumente (*Satelliten*) erweitert werden. Ihre Funktionen drücken Relationen zwischen dem Prädikat und der Proposition aus, während die Funktionen der Argumente Relationen zum Prädikat ausdrücken.

Die syntaktischen Funktionen *Subjekt, Objekt* usw. werden den Argumenten bzw. Satelliten der Prädikate unter spezifischen Bedingungen zugewiesen. So geschieht etwa die Zuweisung der Subjekt-Funktion im Passivsatz an ein anderes Argument als im Aktivsatz, wie wir im Beispiel (2) gesehen haben.

*pragmatische Funktionen*

Die pragmatischen Funktionen werden ebenfalls bestimmten Argumenten unter bestimmten Bedingungen zugewiesen. Dabei sind vier pragmatische Funktionen zu unterscheiden, von denen die ersten beiden auf externe Faktoren im Diskurs bezogen sind und die letzten beiden auf sprachinterne (vgl. Dik 1978:19):

(4) (i) *Thema*: spezifiziert das Diskursuniversum, relativ zu dem die nachfolgende Prädikation als relevant präsentiert wird.
(ii) *Tail*: repräsentiert Information, die der Klärung oder Modifikation der Prädikation dient.
(iii) *Topik*: präsentiert die Entität, über die etwas prädiziert wird.
(iv) *Fokus*: gibt die wichtigste oder salienteste Information im gegebenen Zusammenhang an.

*Ausdrucksregeln*

Nach der Zuweisung dieser Funktionen operieren in einem letzten Stadium Ausdrucksregeln (*expression rules*), die die funktionale Struktur auf morpho-syntaktische Strukturen abbilden. Dabei sind die folgenden Aspekte zu unterscheiden:

(5) (i) Die Form, in der Terme realisiert werden:
   a. Kasusmarkierung
   b. Adpositionen (Präpositionen, Postpositionen)
(ii) Die Form, in der die Prädikate realisiert werden:
   a. Genus verbi
   b. mit Auxiliaren
   c. Kongruenz und Referenz
   d. Die Reihenfolge der Konstituenten
   e. Akzent-Zuweisung und Intonation

Nachdem auch diese Ausdrucksregeln operiert haben, liegt eine vollständige Satzstruktur vor.

Die funktionale Grammatik stellt damit den Versuch dar, Regeln und Prinzipien menschlicher Interaktion und Kommunikation als Basis der Grammatik zu konzipieren. Es darf bezweifelt werden, dass dieser Versuch gelingt, da die Prinzipien der grammatischen Strukturbildung nach heutigem Kenntnisstand anderen Bedingungen unterliegen als die sozialen Normen und Regeln, die das Zusammenleben von Menschen steuern. Zu einer differenzierten Betrachtung grammatischer vs. kommunikativer Kompetenz vgl. Bierwisch (1980).

**Merksatz**

Die Funktionale Grammatik versucht, die grammatischen Regeln und Prinzipien auf die Regeln und Prinzipien der sozialen und kommunikativen Interaktion zurückzuführen.

**Literatur**

Bybee, Joan L. (1985): *Morphology: A Study of the Relation Between Meaning and Form.* Amsterdam: Benjamins. (= Typological studies in language, 9)
Comrie, Bernard (1976): *Aspect.* Cambridge/New York: Cambridge University Press.
Dahl, Östen (1985): *Tense and Aspect Systems.* Oxford: Blackwell.
Dik, Simon C. (1979). *Functional Grammar.* Amsterdam: North-Holland. (= North-Holland Linguistics Series, 37)
Dik, Simon C. (1989): *The Theory of Functional Grammar.* Berlin: Mouton de Gruyter.
Foley, William A./Van Valin, Robert D. Jr. (1984): *Functional Syntax and Universal Grammar.* Cambridge/New York: Cambridge University Press. (= Cambridge Studies in Linguistics, 38)

Givón, Talmy (1984): *Syntax: A Functional-Typological Introduction*. Vol. 1. Amsterdam: John Benjamins.
Greenberg, Joseph H. (1966): Some Universals of Grammar, with Particular Reference to the Order of Meaningful Elements. In: Greenberg, Joseph H. (Hg.): *Universals of Language*: Cambridge, Mass.: MIT Press, 73–113.
Haiman, John (1985): *Natural Syntax: Iconicity and Erosion*. Cambridge/New York: Cambridge University Press. (= Cambridge Studies in Linguistics, 44)
Hopper, Paul J./Thompson, Sandra A. (1980): Transitivity in Grammar and Discourse. In: *Language* 56, 251–299.
Jakobson, Roman (1936/1971): Beitrag zur Allgemeinen Kasuslehre. Gesamtbedeutungen der russischen Kasus. In: Jakobson, Roman (1971): *Selected Writings II*. Word and Language: 23–71. The Hague/Paris: Mouton de Gruyter.
Keenan, Edward L./Comrie, Bernard (1977): Noun Phrase Accessibility and Universal Grammar. In: *Linguistic Inquiry* 8: 63–99.
Lehmann, Christian (1984): *Der Relativsatz: Typologie seiner Strukturen, Theorie seiner Funktionen, Kompendium seiner Grammatik*. Tübingen: Narr.
Li, Charles N. (Hg.) (1976): *Subject and Topic*. New York: Academic Press.
Newmeyer, Frederick J. ($1986^2$): *Linguistic Theory in America*. Orlando et al.: Academic Press.
Newmeyer, Frederick (1998): *Language Form and Language Function*. Cambridge, Mass.: MIT-Press.
Sasse, Hans-Jürgen (1987): The Thetic/Categorical Distinction Revisited. In: *Linguistics* 25, 511–580.
Van Valin, Robert D. (1980): On the Distribution of Passive and Antipassive Constructions in Universal Grammar. In: *Lingua* 50, 303–327.

# Generative Grammatiktheorie 7

- Logisches Problem des Spracherwerbs, Kompetenz
- Phrasenstrukturen, X-bar-Theorie
- Transformationen, Bewegung
- Prinzipien und Parameter, T-Modell

## Grundlegende Konzepte 7.1

Beschäftigten sich die Hauptvertreter des Strukturalismus zunächst hauptsächlich mit der *Segmentierung* und *Klassifikation* von Einheiten des Sprachsystems, so tritt mit der generativen Transformationsgrammatik Ende der fünfziger Jahre des 20. Jahrhunderts die Frage nach den kombinatorischen Prinzipien der vom Strukturalismus isolierten Einheiten in den Mittelpunkt der theoretischen Entwicklungen. Diese Frage beginnt, die theoretische Linguistik in allen Kernbereichen maßgeblich zu bestimmen. Ihr Begründer und bis heute maßgebender Vertreter ist der amerikanische Politologe und Linguist Noam Chomsky (*1928), der das Gesicht der modernen Linguistik ganz entscheidend geprägt hat und prägt.

*kombinatorische Prinzipien*

*Noam Chomsky*

In der Phonologie stellt sich die Frage nach der Kombinatorik der einzelnen Laute zu Silben, die Morphologie interessiert sich für die Bildung komplexer Wörter, aber vor allem in der Syntax wird nach den grammatischen Regeln und Prinzipien gefragt, mit denen es den Sprechern einer Sprache gelingt, unendlich viele Sätze zu verstehen und zu produzieren, obwohl nur endlich viele Wörter zur Verfügung stehen und diese Fähigkeit von Kindern in endlicher (und tatsächlich relativ kurzer) Zeit mit endlichen Mitteln erworben wird. Auch in der Semantik wurde diese Fragestellung theoretisch anvisiert und auf mathematisch elegante Weise beantwortet.

Die generative Transformationsgrammatik fragt aber nicht nur nach den Eigenschaften grammatischer Regelsysteme, sondern bettet die damit verbundenen Fragestellungen in die Theoriebildung über die Struktur und Organisationsform des menschlichen Geistes ein. Grammatische Kenntnis wird als die komplexe Fähigkeit eines Menschen angesehen, der seine Muttersprache perfekt beherrscht, ganz analog zu den komplexen Prozessen

*Grammatische Kenntnis*

Muttersprache

und Fähigkeiten der visuellen Wahrnehmung (etwa bei der Erkennung von Gesichtern), der Ausbildung des motorischen Systems zur Steuerung komplexer Bewegungsabläufe (wie etwa dem Kauen von Nahrung, dem Binden von Schleifen) oder dem Fällen moralischer Urteile usw.

Spracherwerb

Die Sprachfähigkeit kann unter den endlichen Bedingungen des Spracherwerbs (ein Organismus mit endlichen Kapazitäten erwirbt in endlicher Zeit anhand einer endlichen Menge von Daten die Sprache) nicht im strikten Sinne gelernt werden, sondern basiert auf einer für die Spezies Mensch spezifischen genetischen Ausstattung, die sich entlang bestimmter Entwicklungsschemata ausbildet. So beginnen die sprachlernenden Kinder in einer frühen Phase des Spracherwerbs zunächst mit einer so genannten Lallphase, in der sie das gesamte Inventar von Lauten aus natürlichen Sprachen produzieren. Im weiteren Verlauf des Erwerbs werden aber nur diejenigen Laute beibehalten, die in der Muttersprache tatsächlich vorkommen. Später, wenn die Kinder schon Zwei- oder Dreiwort-Äußerungen produzieren, stimmen die Bauprinzipien, nach denen diese Wortsequenzen gebildet sind, nicht immer mit den grammatischen Regularitäten der erwachsenen Sprecher überein, sondern es scheint der Fall zu sein, dass die Kinder ihre Äußerungen zunächst nach anderen Prinzipien strukturieren als denjenigen, die die Grammatik erwachsener Sprecher festlegt. Dies führt zu der Annahme, dass Spracherwerb wesentlich auf Reifungsfaktoren und weniger auf Umweltfaktoren zurückzuführen ist.

Logisches Problem des Spracherwerbs

Diese Hypothese führt aber auch das so genannte *Logische Problem des Spracherwerbs* einer Lösung zu. Dieses besteht darin, dass Kinder in der Phase des Spracherwerbs nicht alle Fehler, die logisch möglich sind, auch tatsächlich machen. Vielmehr scheinen sie nur einen ganz geringen Teil von möglichen Fehlern tatsächlich zu produzieren. Dies spricht dafür, dass bestimmte, vermutlich genetisch angelegte Strukturen den Spracherwerb in den wesentlichen Entwicklungen steuern, so dass das sprachlernende Kind nicht alle Möglichkeiten der Strukturbildung auf der Basis von Versuch-und-Irrtum-Strategien ausprobieren muss, sondern von Beginn an über universalgrammatische Prinzipien verfügt, die die Hypothesenbildung über mögliche grammatische Strukturen wesentlich einschränken.

Universalgrammatik

Bereits seit den Anfängen versucht die generative Grammatiktheorie in bewusster Anknüpfung an die (bereits betrachtete) Universalgrammatik der Frühen Neuzeit, diese Strukturen aufzudecken, d.h. sie fragt nicht nur nach den grammatischen Regeln, die die Kombinatorik der Elemente in einer Einzelsprache festlegen, sondern nach den generellen und universellen Eigenschaften aller menschlicher Sprachen. Wenn diesen nämlich ein gemeinsamer speziesspezifischer genetischer Kern zugrunde liegt, dann bildet dieser Kern die universale Grammatik (UG), auf der alle menschlichen Sprachen basieren.

Die generative Grammatiktheorie ist eine präzise und explizite Theorie der grammatischen Kenntnis, deren Hypothesen auf der Basis der empirischen Datenlage gewonnen werden. Erst so lässt sich die enorme Komplexität natürlich-sprachlicher Systeme systematisch als kohärente Theorie formulieren. Chomsky (1995:387) selbst bemerkt dazu: „Typically, when questions are more sharply formulated, it is learned that even elementary phenomena had escaped notice, and that intuitive accounts that seemed simple and persuasive are entirely inadequate. If we are satisfied that an apple falls to the ground because that is its natural place, there will be no serious science of mechanics. The same is true if one is satisfied with traditional rules for forming questions, or with the lexical entries in the most elaborate dictionaries, none of which come close to describing simple properties of these linguistic objects. Recognition of the unsuspected richness and complexity of the phenomena of language created a tension between the goals of descriptive and explanatory adequacy. It was clear that to achieve explanatory adequacy, a theory of the initial state must hold that particular languages are largely known in advance of experience. The options permitted in universal grammar (UG) must be highly restricted; limited experience must suffice to fix them one way or another, yielding a state of the language faculty that determines the varied and complex array of expressions, their sound and meaning, in a uniform and language independent way."

Betrachtet man eine Sprache wie das Deutsche, so stellt man leicht fest, dass ihre Ausdrucksmöglichkeiten unendlich groß sind, d.h. die Menge der möglichen Sätze, die in dieser Sprache gebildet werden können, ist nicht beschränkt. Man macht sich dies leicht an einigen Überlegungen klar. Natürliche Sprachen verfügen einerseits über die Möglichkeit zur *Iteration*, wie bei der Koordination – etwa von attributiven Adjektiven – sichtbar wird:

*Iteration*

(1) (i) Der Hund
(ii) Der kleine Hund
(iii) Der kleine, braune Hund
(iv) Der kleine, braune, weißgetupfte Hund
(v) Der kleine, braune, weißgetupfte, im Schatten sitzende Hund
usw.

Die Grammatik des Deutschen beschränkt die Anzahl der möglichen Adjektivphrasen vor dem Nomen nicht. Im Prinzip kann dort eine unbeschränkte Anzahl solcher Phrasen auftreten, so dass an diesem Konstruktionstyp – gerade so wie an allen anderen Koordinationsstrukturen – deutlich wird, dass die Anzahl dieser Konstruktionen beliebig groß werden kann.

*Rekursion*

Natürliche Sprachen verfügen aber auch über den Mechanismus der *Rekursion*, indem sie es erlauben, eine grammatische Regel wieder auf ihr eigenes Resultat anzuwenden. So ist es im Deutschen z. B. möglich, einen Satz in einen anderen Satz einzubetten und zwar so, dass wieder ein Satz entsteht, der seinerseits in einen Satz eingebettet werden kann usw.:

(2) (i) Fritz schläft.
(ii) Maria glaubt, dass Fritz schläft.
(iii) Peter bestreitet, dass Maria glaubt, dass Fritz schläft.
(iv) Karl hört, dass Peter bestreitet, dass Maria glaubt, dass Fritz schläft.
usw.

*unendlich viele Sätze*

Auch der Einbettung von Sätzen scheint von der Grammatik keine Grenze gesetzt zu sein, so dass es den längsten Satz nicht geben kann. Jeder Satz kann erneut eingebettet werden und hat damit auch eine neue Bedeutung. Dass es unendlich viele Sätze gibt, lässt sich aber auch schon an den Eigenschaften von Zahlwörtern sehen, deren Konstruktion ebenfalls auf den Prinzipien der Iteration und der Rekursion beruhen:

(3) (i) Fritz sieht ein Schaf.
(ii) Fritz sieht zwei Schafe.
(iii) Fritz sieht dreitausendzweihundertfünfundvierzig Schafe.
usw.

Diese Beobachtungen haben Chomsky in den Anfangsjahren der generativen Grammatiktheorie zu der Überlegung geführt, die Eigenschaften natürlich-sprachlicher Grammatiksysteme mit Strukturkonzepten aus der Mathematik zu beschreiben, denn gerade so wie sich die unendlich große Menge der natürlichen Zahlen mit endlichen Mitteln rekursiv aufzählen lässt, können sich ja auch die Sätze einer Sprache mit endlichen Mitteln rekursiv aufzählen lassen.

*unendlich viele Zahlen*

Das Verfahren zur Definition der *natürlichen Zahlen* basiert auf den Axiomen des italienischen Mathematikers Giuseppe Peano (1858–1932), mit deren Hilfe sich die unendlich große Menge der natürlichen Zahlen mit einer endlichen Menge von Sätzen (genauer gesagt: mit fünf Sätzen) definieren lässt:

(4) Axiome von Peano:
1. 0 ist eine natürliche Zahl.
2. Zu jeder natürlichen Zahl $n$ gibt es genau einen Nachfolger $n'$, der ebenfalls eine natürliche Zahl ist.
3. Es gibt keine natürliche Zahl, deren Nachfolger 0 ist.
4. Zwei verschiedene natürliche Zahlen $n$ und $m$ besitzen stets verschiedene Nachfolger $n'$ und $m'$.
5. Enthält eine Menge A die Zahl 0 und mit jeder natürlichen Zahl $n$ auch stets deren Nachfolger $n'$, so enthält A bereits alle natürlichen Zahlen.

Diese präzise Charakterisierung eines unendlichen Gegenstandsbereichs macht wesentlich Gebrauch von dem Konzept des *Nachfolgers*, der in der Arithmetik durch die Operation *Plus 1* definiert werden kann und in der *Rekursion* immer wieder auftritt.

*Peano-Axiome*

Aus den Peano-Axiomen lässt sich ein Verfahren – das Zählen – ableiten, mit dessen Hilfe sich die natürlichen Zahlen effektiv konstruieren lassen. Die Idee dieses Verfahrens besteht darin, einerseits einige Basiselemente anzugeben und andererseits Operationen, nach denen diese Basiselemente verknüpft werden. Mit den natürlichen Zahlen lässt sich das beispielsweise folgendermaßen vornehmen:

Man wählt als Basiselement die 1 und als Operation ‚+'. Mit diesen beiden Angaben kann man bereits zählen, indem man 1 + 1 rechnet und 2 erhält. Danach nimmt man die 2 und rechnet 2 + 1 und erhält 3. Setzt man diese Sequenz von Operationen fort, so kann man jede natürliche Zahl mit einer endlichen Anzahl von *Rekursionsschritten* effektiv erreichen. Nun lassen sich aber nicht nur die natürlichen Zahlen auf diese Art und Weise mit endlichen Mitteln angeben, sondern auch andere, größere Zahlenbereiche. Dies lässt sich bewerkstelligen, indem man entweder die Menge der Basiseinheiten erweitert oder die Anzahl der Operationen erhöht. Fügt man etwa die Operation ‚–' hinzu, so erhält man die Menge Q der ganzen Zahlen, also auch negative Zahlen. Fügt man als weitere Operation die Division ‚/' hinzu, so erhält man auch Brüche und damit einen wesentlich größeren Zahlenbereich, die rationalen Zahlen. Der ganze Bereich auf dem Zahlenstrahl wird damit aber noch nicht abgedeckt, denn die Frage, welche Zahl zum Quadrat 2 ergibt, ließe sich nicht beantworten. Man benötigt eine zusätzliche Operation, das Wurzelziehen, um weitere, irrationale Zahlen erzeugen zu können. Insgesamt ist der Zahlenstrahl dicht, d.h. er enthält keine Löcher, weil zwischen zwei beliebig dicht liegenden Zahlen immer noch eine Zahl anzutreffen ist. Da sich Wurzeln aber nur aus positiven Zahlen ziehen lassen, überlegte man, welcher Zahlenraum entstünde, wenn man auch Wurzeln aus negativen Zahlen zu ziehen erlaubte. Man definierte dazu eine neue Basiseinheit, nämlich die Wurzel aus –1. Durch Hinzufügen dieses Basiselements erhält man die Menge der komplexen Zahlen.

Wir haben diesen Exkurs in die mathematischen Grundlagen der Arithmetik unternommen, weil wir daran sehr schön die prinzipielle Vorgehensweise in der generativen Sprachtheorie veranschaulichen können. Hier wie dort hat man es mit unendlich vielen Objekten – Zahlen bzw. Sätzen – zu tun, und hier wie dort soll ein endliches Verfahren angegeben werden, welches es gestattet, die Menge der möglichen Objekte in den beiden Bereichen mit endlichen Mitteln zu konstruieren, oder anders gesagt, zu *generieren*. Der Begriff generativ hat hier seinen Ursprung und seine eigentliche Motivation.

*generativ*

Betrachtet man das grammatische System, das einer Sprache zugrunde liegt, so fragt man demzufolge nach den Basiseinheiten für den Satzbau und den Prinzipien ihrer Kombinatorik, um die (unendlich große) Menge der Sätze generieren zu können.

*Kompetenz*

*Performanz*

Dabei spielt die *Kompetenz* eines (idealisierten) Sprecher/Hörers die zentrale Rolle, denn es wird nicht danach gefragt, ob ein Sprecher in einer bestimmten Sprechsituation einen bestimmten Satz äußern kann (*Performanz*), sondern danach, ob er prinzipiell in der Lage ist, eine bestimmte Wortkette als Satz zu identifizieren oder nicht. So lässt sich für kompetente Sprecher des Deutschen z.B. sehr leicht entscheiden, dass die Wortkette in (5) (i) ein Satz ist, die Wortkette in (5) (ii) hingegen nicht:

(5) (i) Der Hund liegt oft hinter dem Ofen.
(ii) *Hund Ofen hinter oft liegt dem der.

Diese Beispiele sind recht einfach zu entscheiden. Die generative Grammatiktheorie ist aber wesentlich weiter fortgeschritten und hat Erkenntnisse über die Eigenschaften natürlicher Sprache gewonnen, die weitaus differenzierter sind. Als instruktives Beispiel können wir etwa die Sätze in (6) (i) bis (6) (iv) betrachten, bei denen es um die Interpretation des Pronomens *er* geht:

(6) (i) Paul wollte ins Bett gehen, nachdem *er* gegessen hatte.
(ii) Nachdem *er* gegessen hatte, wollte Paul ins Bett gehen.
(iii) Nachdem Paul gegessen hatte, wollte *er* ins Bett gehen.
(iv) *Er* wollte ins Bett gehen, nachdem Paul gegessen hatte.

Die Sätze in (i)–(iii) erlauben eine Interpretation, in der sich das Pronomen *er* auf *Paul* bezieht. Diese Interpretation ist im Satz (iv) nicht möglich, und die Frage ist natürlich, warum dies so ist. Wir wollen die Antwort hier nicht geben, möchten aber an dieser Stelle festhalten, dass die generative Grammatiktheorie einen Präzisionsgrad erreicht hat, der Antworten auf solche Fragen ermöglicht und damit ganz wesentliche Eigenschaften von menschlichen Sprachen präzise und klar charakterisiert.

**Merksatz**

Die generative Grammatik rekonstruiert die angeborenen Prinzipien in Sprachfähigkeit des Menschen (UG) und spezifiziert die Parameter, deren Werte die Variation zwischen den Einzelsprachen ableitbar macht.

## Phrasenstruktur-Grammatiken 7.2

Sätze in natürlichen Sprachen weisen verschiedene Strukturaspekte auf, von denen ein wesentlicher die *Wortstellung*, also die *Linearisierung* der Wörter betrifft. So geht im Deutschen etwa der Artikel dem Nomen voran, flektierende attributive Adjektive stehen zwischen Artikel und Nomen usw. Ein anderer Strukturaspekt betrifft die *Hierarchie* innerhalb von Sätzen, die auf Grund von *Konstituenten* entsteht. Konstituenten sind Wortgruppen, die in einem bestimmten Sinn eng zusammengehören. Solche Wortgruppen lassen sich verschieben, tilgen, koordinieren, pronominalisieren oder erfragen. In dem Satz in (7) (i) sind u. a. die Wortgruppen unter (7) (ii) Konstituenten.

*Linearisierung*

*Hierarchie*

*Konstituenten*

(7) (i) weil der Mönch seine graue Kutte gegen einen Kilt getauscht hat.
(ii) der Mönch, seine graue Kutte, einen Kilt, gegen einen Kilt, usw.

*Baumdiagramme*

Um die beiden Strukturaspekte – Linearisierung und Hierarchie – von Sätzen auszudrücken, wählt man Baumdiagramme, die genau diese beiden strukturellen Eigenschaften angemessen darstellen können. Das folgende Diagramm verdeutlicht dies anhand der linear organisierten Zahlen und der durch Buchstaben gekennzeichneten Konstituenten-Hierarchie:

(8)

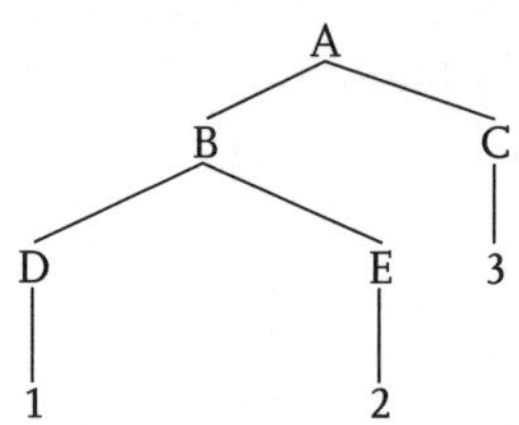


Die Konstituentenstruktur für den Satz in (7)(i) könnte dann etwa wie folgt aussehen:

(9)

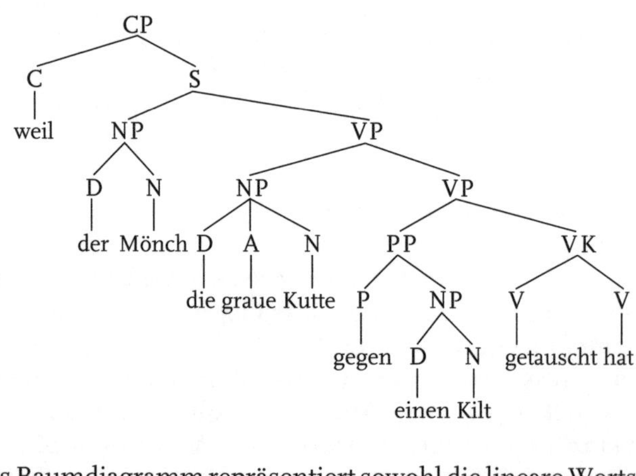


Dieses Baumdiagramm repräsentiert sowohl die lineare Wortstellung als auch die Konstituentenstruktur, denn sowohl die Reihenfolge der Wörter als auch die Wortgruppen, die wir in (7) (ii) schon als „eng zusammengehörig", also als Konstituenten, angegeben haben, treten in einer der sprachlichen Intuition angemessenen

Weise in der strukturellen Konfiguration auf. Das Symbol NP bezeichnet eine Nominalphrase, PP eine Präpositionalphrase und VP eine Verbalphrase, das Prädikat. Die Abkürzungen D, A, N, V, C stehen für Determinator (Artikel), Adjektiv, Nomen, Verb, Konjunktion (engl. *complementizer*), und VK für Verbalkomplex.

Erinnern wir uns nun an die Erzeugung der Zahlenräume in der Arithmetik, so stellt sich die Frage, welche elementaren Einheiten und welche Operationen notwendig sind, um die Gesamtheit der möglichen Satzstrukturen zu erzeugen. Die Grundlagen zu diesen Überlegungen entstammen eigentlich den mathematischen Theorien über *Gruppen, Algebren* und so genannten *Semi-Thue-Systeme*. In seinen frühen Arbeiten hat Chomsky die Eigenschaften formaler Grammatiksysteme untersucht, wie sie heute noch in den Grundlagen der Informatik gelehrt werden. So kann man z. B. eine formale Sprache definieren, die nur die beiden Wörter a und b kennt, und in der alle Sätze die Form $a^n b^n$ haben, also: ab, aabb, aaabbb, usw. Chomsky zeigt, dass es auf diese Weise auch möglich ist, Grammatiken zu definieren, so dass die Sprachen, die von diesen Grammatiken erzeugt werden, jeweils Teilmengen voneinander sind, dass also die *generative Kapazität* solcher Grammatiksysteme *monoton* ist. Zu jedem Typ einer Grammatik lässt sich ein bestimmter formaler Apparat konstruieren, der in der Lage ist, genau alle Ketten derjenigen Sprache zu erkennen, die diese Grammatik erzeugt (Erkennungsautomaten).

*Semi-Thue-Systeme*

*generative Kapazität*

*Erkennungsautomaten*

Als elementare Einheiten bieten sich die aus der antiken Grammatik bekannten Kategorien (*partes orationis*) an: N, A, V, P usw., aber auch die zugehörigen Phrasen NP, AP, VP, PP. Als Operationen wollen wir die folgenden *kontextfreien Phrasenstrukturregeln* verwenden. Dies sind Regeln, die Auskunft darüber geben, in welche Konstituenten ein komplexer Ausdruck zu zerlegen ist. Wir wissen z. B. seit Aristoteles, dass ein Satz in ein Subjekt und ein Prädikat zerfällt. Ein Subjekt hat die Kategorie NP und ein Prädikat die Kategorie VP, so dass diese Erkenntnis mit der folgenden Phrasenstrukturregel ausgedrückt werden kann:

*kontextfreie Phrasenstrukturregeln*

(10) S ⟶ NP VP

Eine Nominalphrase kann etwa aus einem Determinator (Artikel) und einem Nomen bestehen, so dass wir die Phrasenstruktur einer NP mit Hilfe der folgenden Regel ausdrücken können:

(11) NP ⟶ D N

*Grammatikfragment*

Um einen Satz mit Hilfe eines kleinen Grammatikfragments generieren zu können, benötigen wir eine Menge solcher Regeln wie etwa die folgenden:

(12) (Fragment einer) Phrasenstruktur-Grammatik:

| | | | | | |
|---|---|---|---|---|---|
| 1) | CP | → | C | S | |
| 2) | S | → | NP | VP | |
| 3) | NP | → | D | (A) | N |
| 4) | PP | → | P | NP | N |
| 5) | VP | → | PP | VP | |

Damit lässt sich die Struktur in (13) erzeugen:

(13)

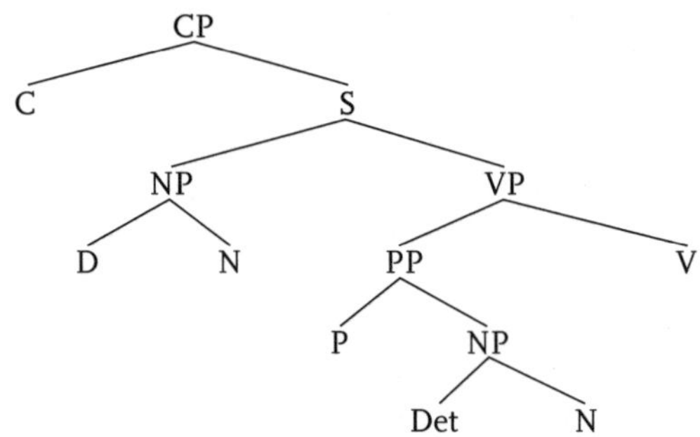


*Regeln der lexikalischen Einsetzung*

Unter die nicht weiter verzweigenden (präterminalen) Knoten werden mittels der Regeln der lexikalischen Einsetzung Wörter eingesetzt, die aus dem (mentalen) Lexikon kommen. Die folgenden Regeln geben an, welches Element unter welche Kategorie eingesetzt werden kann:

(14) Regeln der lexikalischen Einsetzung:

| | | |
|---|---|---|
| C | → | {dass, ob, weil, damit, ...} |
| N | → | {Mönch, Gosse, Kutte, Trinker, Kilt, Tisch, ...} |
| A | → | {grau, schnell, blind, langsam, schön, ...} |
| P | → | {auf, unter, gegen, in, neben, über, ...} |
| V | → | {lachen, atmen, laufen, bemerken, landen, ...} |
| D | → | {der, ein, die, ...} |

usw.

Mit den Regeln (12) der Grammatik lässt sich die Struktur (13) ableiten, aus der mittels (14) ein Satz gebildet werden kann:

(15) (i) weil ein Trinker in der Gosse landet.

(ii)

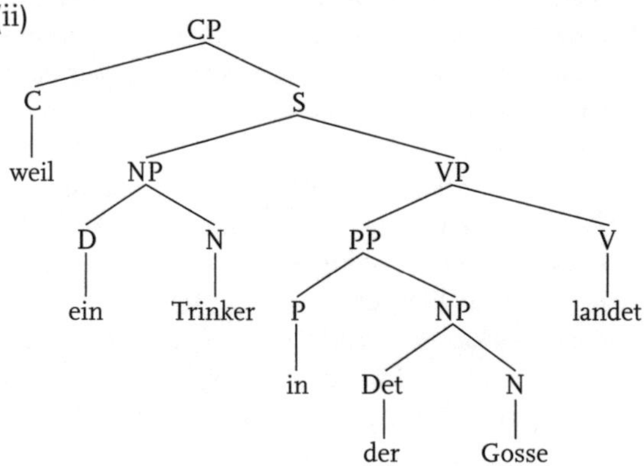


Nun erlauben diese Regeln aber auch, dass gewisse Unstimmigkeiten in den Strukturen auftreten können, die auf theoretischer Ebene vermieden werden müssen. Es ist etwa denkbar, dass eine Phrasenstrukturregel eine VP mit einem Objekt erzeugt, also etwa: VP ⟶ NP V, so dass damit ein Satz wie in (16) (i) mit einer Struktur wie in (16) (ii) erzeugt werden könnte:

(16) (i) weil Hilde das Pferd füttert

(ii)

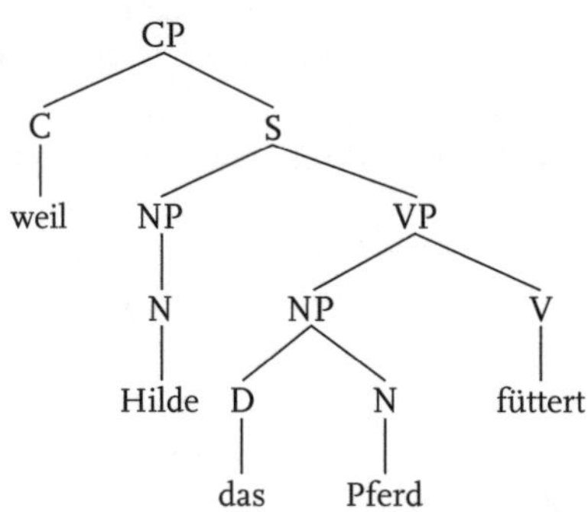


Die lexikalische Einsetzung muss – damit der Satz wohlgeformt ist – unter V ein transitives Verb einsetzen. Wird ein intransitives Verb, wie etwa *lachen* eingesetzt, so ist die Struktur nicht wohlgeformt, und es resultiert die ungrammatische Wortkette in (17):

(17) *weil Hilde das Pferd lacht.

*Kategorisierung*
*Subkategorisierung*

Um derartige Fehlkonstruktionen zu verhindern, ist nicht nur die *Kategorisierung* der lexikalischen Elemente notwendig, sondern auch eine *Subkategorisierung*, die über Informationen bezüglich der *Valenz* des eingesetzten Lexikoneintrags verfügt (siehe Abschnitt: Valenztheorie). Wird ein Verb in eine syntaktische Umgebung eingesetzt, in der sich eine NP befindet, so muss dieses Verb auch entsprechend subkategorisiert sein.

Diese Subkategorisierungs-Information notiert man in der folgenden Weise bei dem jeweiligen Element X: [NP –].

Sie besagt, dass das Element X an der Stelle auftritt, die durch den Unterstrich markiert ist, und als linke Schwesterkonstituente eine NP auftreten muss. Ein derart subkategorisiertes Element kann also nur in die folgende syntaktische Konfiguration eingesetzt werden:

(18)

XP

NP X (syntaktische Struktur)

[ NP _ ] (Subkategorisierung)

Diese Beispiele zeigen die wesentlichen Züge einer generativen Grammatik, die – analog zu den Strukturbildungen der mathematischen Algebra – aus einer minimalen Anzahl elementarer Einheiten und Operationen, die gesamte Menge der wohldefinierten Objekte erzeugt. Die Grammatik ermöglicht es, die Menge der Sätze einer Sprache aus der Menge aller möglichen Wortketten auszusondern, und zwar so, dass zu jeder Wortkette in endlich vielen Schritten entschieden werden kann, ob diese Wortkette ein Satz ist oder nicht. Die folgende Grafik illustriert diese Vorstellung:

(19)

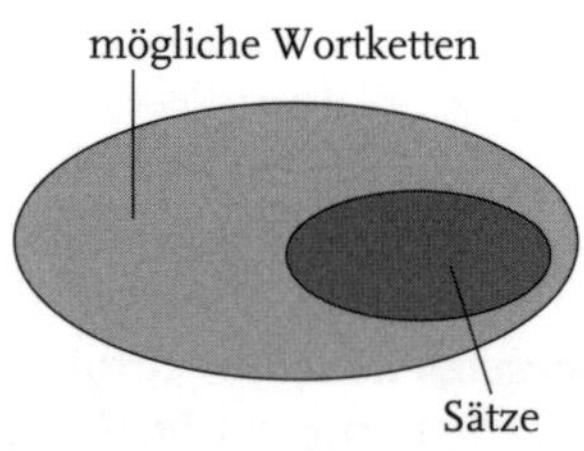


Nun ist es einerseits so, dass der kompetente Sprecher/Hörer einer Sprache ein intuitives grammatisches Wissen besitzt, welches ihn in die Lage versetzt, zu jeder Wortkette zu entscheiden, ob diese Wortkette ein Satz ist oder nicht. Eine grammatische Theorie versucht diese Kenntnis zu explizieren, d.h. ihre Struktur und Organisationsform anzugeben, und zwar so, dass die Regeln und Prinzipien der Grammatiktheorie ebenfalls bestimmen können, ob eine Wortkette ein Satz ist oder nicht.

*grammatische Theorie*

Da Theorien Mengen von Hypothesen sind, benötigt der Sprachwissenschaftler ein Kriterium, nach dem er entscheiden kann, ob eine Hypothese wahr oder falsch ist. Dieses Kriterium besteht letztlich in der *sprachlichen Intuition* des Muttersprachlers, der über ein vollständig spezifiziertes Grammatiksystem verfügt. Die Sprachwissenschaft formuliert nun Hypothesen über die grammatische Kenntnis und prüft, ob diejenigen Wortketten, die der Theorie zufolge wohlgeformte Sätze sind, auch von der Intuition von Sprechern als wohlgeformte Sätze akzeptiert werden. Wenn die Mengen von Wortketten und Sätzen in beiden Fällen identisch sind, wenn also *extensionale Identität* vorliegt, so ist eine Grammatik empirisch angemessen:

*sprachliche Intuition*

*extensionale Identität*

(20)

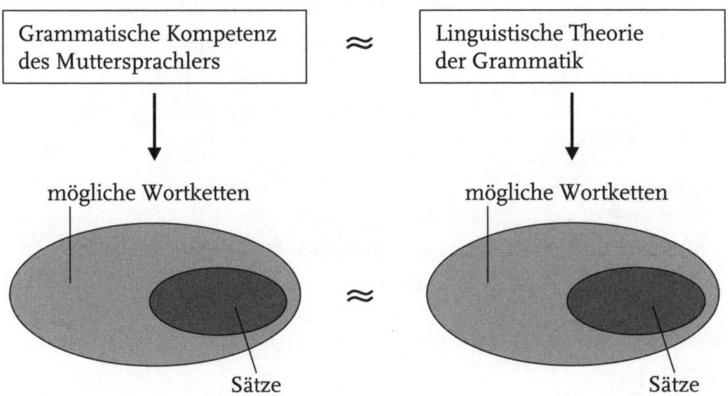


Eine wesentliche Frage stellt sich nach der Anzahl und der Art der möglichen Regeln, über die die Grammatik verfügt. Da sich beobachten lässt, dass eine reichhaltige Vielfalt von möglichen Konstituentenstrukturen in den Sprachen der Welt auftreten, und scheinbar nicht in allen Sprachen die gleichen Phrasenstrukturen verfügbar sind, bezieht sich die linguistische Theoriebildung stets auf allgemeine universalgrammatische Prinzipien.

Eine linguistische Theorie kann auf verschiedenen Ebenen angemessen (*adäquat*) sein:

*Adäquatheit*

(21) (i) *Beobachtungsadäquatheit*: Die Theorie erfasst die primären sprachlichen Daten korrekt.
(ii) *Beschreibungsadäquatheit*: Die Theorie liefert eine richtige Darstellung der linguistischen Intuition des Muttersprachlers und erfasst die beobachteten Daten als Generalisierungen tieferliegender Regularitäten der Sprache.
(iii) *Erklärungsadäquatheit*: Die Theorie kann aus einer Menge von beschreibungsadäquaten Grammatiken eine dieser Grammatiken auf Grund von in der menschlichen Sprachfähigkeit begründeten linguistischen Universalien auswählen.

*Prinzipien-und-Parameter-Theorie*

Einen Versuch, diese Adäquatheits-Kriterien umzusetzen, unternimmt die *Prinzipien-und-Parameter-Theorie*, eine bestimmte Variante der generativen Grammatik, die davon ausgeht, dass bestimmte genetisch verankerte Prinzipien des Sprachsystems in der Grammatik jeder Sprache auftreten. Diese Prinzipien sind aber nicht starr determiniert, sondern erlauben in dem Maße eine Parametrisierung, wie sich Variation in den Sprachen der Welt feststellen lässt. Eine Variante der Prinzipien-und-Parameter-Theorie stellt die *Rektions-und-Bindungstheorie* dar, deren Entstehungsgeschichte und neueren Entwicklungsstand wir etwas später ebenfalls erörtern.

*Rektions-und-Bindungstheorie*

**Merksatz**

Phrasenstrukturgrammatiken repräsentieren die linearen (Wortstellung) und hierarchischen (Konstituenten) Strukturaspekte von Sätzen mittels Baumdiagrammen.

## 7.3 Die Transformationskomponente

*Dislokation*

Die Serialisierung von Wörtern und Phrasen ist in natürlichen Sprachen nicht immer einheitlich und gleich. Es lässt sich beobachten, dass innerhalb einer Sprache Konstituenten an Positionen auftreten, an denen sie nicht interpretiert werden. Dieses für natürliche Sprachen sehr typische Phänomen bezeichnet man als *Dislokation*. So lässt sich etwa im Deutschen feststellen, dass das finite Verb an drei verschiedenen Positionen auftreten kann. Entsprechend bezeichnet man die zugehörigen Sätze als Verbend- (V/E-), Verberst- (V/1-) und Verbzweit- (V/2-)Sätze:

(22) V/E-Satz: weil Maria den Krug in der Küche fallen *ließ*.

(23) V/1-Satz: *Ließ* Maria den Krug in der Küche fallen?

(24) V/2-Satz: Den Krug *ließ* Maria in der Küche fallen.

In anderen Konstruktionen – wie etwa Ergänzungs-Fragesätzen – befindet sich diejenige Konstituente, die das Frageziel markiert, (w-Phrase) am linken Satzrand:

| | | | | | | |
|---|---|---|---|---|---|---|
| (25) | *Wer* | ließ | _____ | den Krug | in der Küche | fallen? |
| | *Was* | ließ | Maria | ________ | in der Küche | fallen? |
| | *Wo* | ließ | Maria | den Krug | ___________ | fallen? |

Bei sog. multiplen Fragen wird zwar ebenfalls jede das Frageziel markierende Konstituente w-pronominalisiert, aber nicht jede dieser Konstituenten wird auch an den Satzanfang gestellt:

*multiple Fragen*

| | | | | | | |
|---|---|---|---|---|---|---|
| (26) | Wer | ließ | _____ | *was* | in der Küche | fallen? |
| | Wer | ließ | _____ | den Krug | *wo* | fallen? |
| | Wo | ließ | Maria | ________ | *was* | fallen? |
| | Wo | ließ | *wer* | ________ | *was* | fallen? |

Es zeigt sich an diesen Beispielen, dass die Position von Konstituenten nicht fest ist, sondern in bestimmter, systematischer Weise variieren kann. Diese Beobachtungen führen zu der Frage, auf welche Weise derartige Dislokationen in der Grammatiktheorie erfasst werden können. Eine Möglichkeit besteht darin, jede mögliche Wortstellungsvariante durch eine Phrasenstrukturregel zu erfassen. Das würde aber nicht den gewünschten Effekt erbringen, denn die Gemeinsamkeiten zwischen den Sätzen würden nicht mehr ausgedrückt, wenn für jeden Satz eine separate Regel geschrieben würde.

Eine andere Möglichkeit besteht darin, die Satzstruktur auf zwei Ebenen zu beschreiben, zwischen denen exakt die systematischen Abhängigkeiten bestehen können, die bei den durch Dislokation entstehenden Satzpaaren zu beobachten sind. Genau dieser Weg wird von der generativen Grammatik beschritten, indem zu dem generierenden Teil der Grammatik eine sog. *Transformationskomponente* hinzugefügt wird, die es gestattet, Strukturen in systematischer Weise zu modifizieren. Die beiden Struktur-Ebenen werden als *Tiefen-* und *Oberflächenstruktur* bezeichnet und sind durch wohldefinierte Transformationen aufeinander bezogen. Die Voranstellung von Konstituenten wird durch eine Umstellungstransformation zwischen der Tiefen- und der Oberflächenstruktur vorgenommen.

*Transformationskomponente*

*Vorfeld-Besetzung*
*Finitum-Voranstellung*
*topologischen Felder*

Für das Deutsche wollen wir hier diese zwei wichtigen Bewegungsprozesse – die Vorfeld-Besetzung und die Finitum-Voranstellung – noch etwas genauer darstellen. Da das Deutsche eine SOV-Sprache ist, befindet sich das finite Verbum hinter den Objekten, und es ist zu klären, wie sog. Verberst- und Verbzweit-Sätze abgeleitet werden können. In Nebensätzen befindet sich das finite Verb in seiner ursprünglichen Endposition. Das auf Drach (1936) zurückgehende Modell der topologischen Felder, das als erste Analyse der Verbstellungsregularitäten im Deutschen gelten kann, findet in der durch die X-bar Theorie definierten Satzstruktur für das Deutsche eine exakte Entsprechung, wie die folgende Grafik illustriert:

(27)

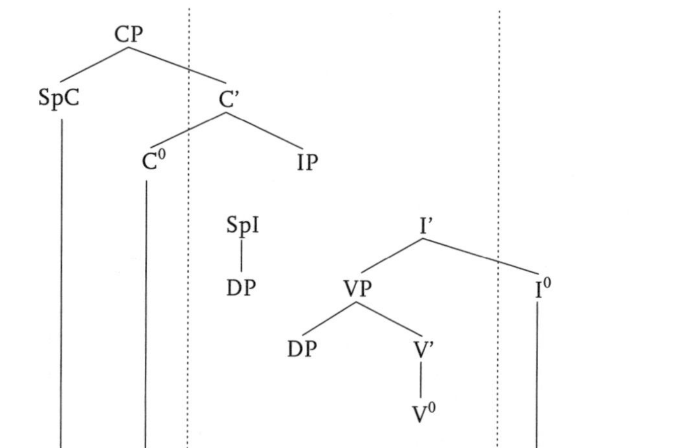


| | | | | |
|---|---|---|---|---|
| | Dass | Maria den Koran studiert | hat | |
| | Hat | Maria den Koran studiert | | |
| Maria | hat | den Koran studiert | | |
| Was | Hat | Maria studiert | | |
| **Vorfeld** | **linke SK** | **Mittelfeld** | **rechte SK** | **Nachfeld** |

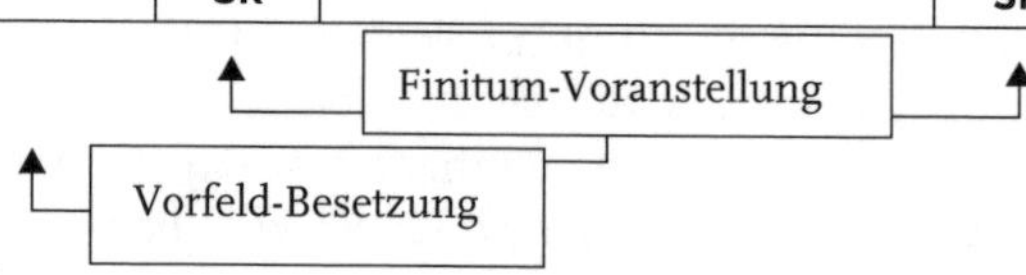


*linke Satzklammer*
*rechte Satzklammer*

Die linke Satzklammer (linke SK) ist entweder von der Konjunktion besetzt, oder das finite Verbum wird aus der rechten Satzklammer (rechte SK) in die linke Satzklammer versetzt. Tatsächlich befindet sich das finite Verbum zunächst auch am rechten Rand des Mittelfeldes in einer V°-Position und wird über den Prozess der Kopfbewegung in die nächsthöhere Kopfposition I° (rechte Satzklammer) versetzt. In Hauptsätzen wird es dann wiederum mittels Kopf-Bewegung in die nächsthöhere Kopfposition C° (linke Satzklammer) versetzt. Um das Vorfeld, bzw. die SpC-Position zu besetzen, wird eine (w-pronominalisierte) Konstituente aus dem Mittelfeld in diese Position versetzt.

*Kopfbewegung*

Die der wahrnehmbaren Form nähere Oberflächenstruktur liefert die Eingabe für dasjenige Modul der Grammatik, in dem die (phonologischen und) phonetischen Eigenschaften des Sprachsignals spezifiziert werden. Die Tiefenstruktur andererseits liefert die Repräsentation für die semantische Interpretation. Damit ergibt sich das folgende Modell der *generativen Transformationsgrammatik*, wie sie in dem sog. Aspekte-Modell (Chomsky 1965) vorgeschlagen wurde (vgl. Newmeyer 1986²:74):

*Aspekte-Modell*

(28)

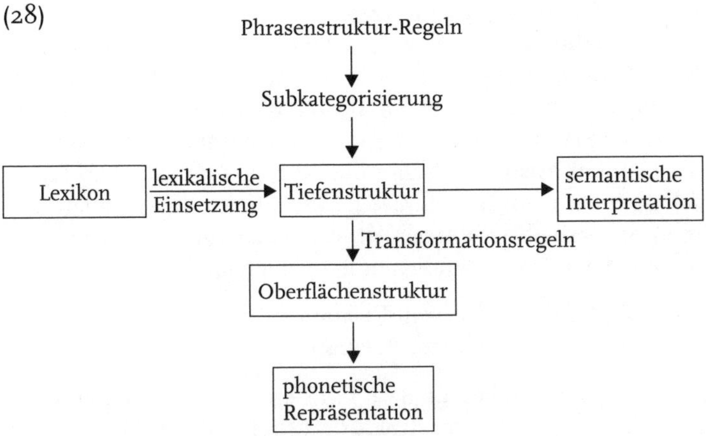


Die Tiefenstruktur wird durch die Phrasenstrukturregeln, die Bedingungen der Subkategorisierung sowie die lexikalische Einsetzung erzeugt. Die Tiefenstrukturen liefern einerseits die Eingabe für die semantische Interpretation und werden andererseits durch wohldefinierte Transformationen umgeformt und in Oberflächenstrukturen überführt, die ihrerseits als Eingabe für die phonetische Repräsentation dienen.

**Merksatz**

Transformationen und Umstellungen dienen dazu, das Phänomen der *Dislokation* (Konstituenten werden nicht an den Positionen interpretiert, in denen sie auftreten) zu erfassen. Dies wird durch die Annahme von zwei Strukturebenen (Tiefen- und Oberflächenstruktur) theoretisch rekonstruiert.

## 7.4 Generalisierungen: Prinzipien und Parameter

Intensive Forschungen im Bereich der syntaktischen Theoriebildung in den siebziger Jahren führten zu einer enormen Erweiterung sowohl des Inventars an möglichen Phrasenstrukturen als auch der Menge möglicher Transformationen, was in der Theorie gewisse „Wucherungen" nach sich zog. Kriterien wie Lern- *Abstraktion* barkeit und Verarbeitbarkeit, sowie die Suche nach generelleren, sprachübergreifenden Prinzipien veranlassten die Forschung zu *Idealisierung* mehr *Abstraktion* und *Idealisierung* der bis dahin formulierten grammatischen Beschreibungen.

So veröffentlichte Ray Jackendoff (1977) sein Buch über X-bar-Syntax, welches die Basis für eine strikte Reduktion der Phrasenstruktur-Komponente der Grammatik lieferte. Die wesentliche Erkenntnis bestand darin, dass in Phrasen ein bestimmtes Element existiert, welches die morpho-syntaktischen Eigen- *Kopf* schaften der gesamten Phrase bestimmt, der *Kopf*. Andere Elemente innerhalb der Phrase stehen in systematischer Relation zu diesem Kopf. Die wesentlichen Relationen sind:

(29) (i) Kopf-Komplement-Relation
(ii) Kopf-Spezifikator-Relation

Die X-bar-Theorie besagt, dass Phrasen auf zwei Ebenen unterschiedlicher Komplexität strukturiert sind, wobei auf der unteren Ebene in der Relation der Schwesternschaft der Kopf und seine Komplemente angesiedelt sind. Auf der nächsthöheren Ebene befindet sich eine Spezifikator-Position. Für alle Phrasen gilt daher das folgende Bauprinzip:

(30)

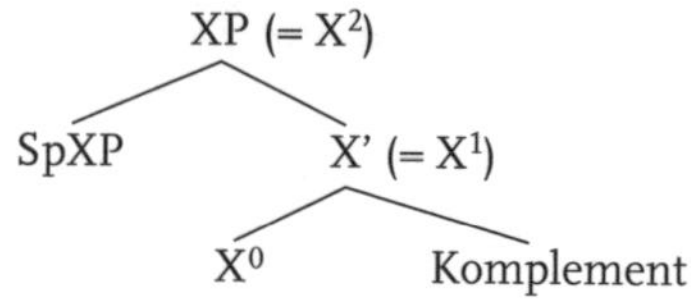

Damit wird die Anzahl der möglichen Phrasenstrukturen auf genau eine beschränkt. Mit dieser Hypothese wird behauptet, dass es in allen Sprachen der Welt nur einen einzigen abstrakten Phrasentyp gibt, dass also nicht nur innerhalb einer Sprache alle Konstituenten gleich gebaut sind, sondern dass dies sogar universell gültig ist. Insbesondere heißt dies, dass es in den Sprachen der Welt nur eine einzige Phrase gibt.

Je nachdem, über welche Kategorien eine Sprache verfügt, werden die Konstituentenstrukturen für diese Kategorien gemäß des x-bar-theoretischen Strukturplans aufgebaut und zusammengefügt. Für das Deutsche nimmt man das folgende Kategoriensystem an:

(31) (i) lexikalische Kategorien: N(omen), A(djektiv), V(erb), P(räposition)
(ii) funktionale Kategorien: C(omplementizer), I(nflection), D(eterminer)

so dass der Satz in (32) (i) die Struktur in (32) (ii) aufweist:

(32) (i) weil Hilde das Pferd füttert

(ii)

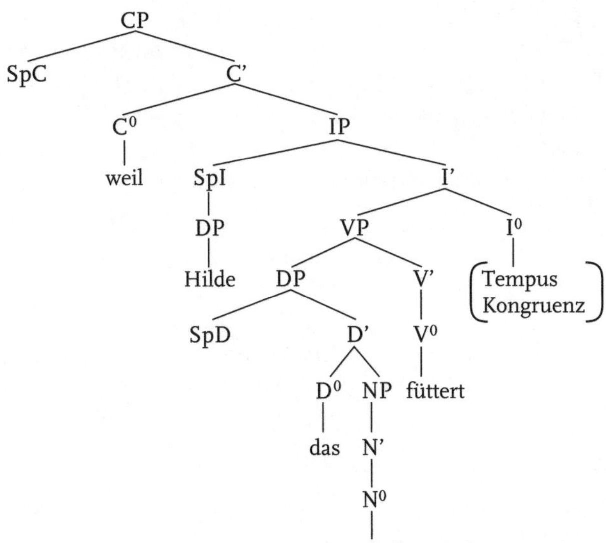


*Strukturerhaltung*

Mit den Arbeiten von Emonds (1970, 1976) zur Strukturerhaltung wird eine wesentliche empirisch motivierte Restriktion für die Transformationskomponente formuliert. Derzufolge können Konstituenten nur in solche Positionen verschoben werden, die bereits auf der Tiefenstruktur durch Phrasenstruktur-Regeln erzeugt wurden. Strukturbäume können also nicht mehr unrestringiert modifiziert werden, sondern die Strukturen müssen beim Übergang von der Tiefen- zur Oberflächenstruktur im Wesentlichen gleich bleiben. Diese Einsicht hat dazu geführt, dass die Operationen in der Transformationskomponente auf eine einzige Operation reduziert werden konnten: *move α*, im Sinne von: Bewege irgendeine Konstituente irgendwo hin. Die Abweichung der Tiefen- von der Oberflächenstruktur konnte somit auf die Umstellung einzelner Konstituenten beschränkt werden.

*move α*

Umstellungen von Konstituenten sind ein wesentliches Diagnostikum, um die Größe syntaktischer Domänen und die Eigenschaften der zwischen Ausgangs- und Zielposition befindlichen Kategorien zu bestimmen.

## 7.5 Das T-Modell

Das Grammatikmodell von 1965 (Aspekte der Syntaxtheorie) und seine verschiedenen Modifikationen in den 70er Jahren erfährt mit der Rektions- und Bindungstheorie (Chomsky 1981) wesentliche Veränderungen. Die Ebene der D-Struktur (deep structure) liefert nicht mehr die Eingabe für die semantische Interpretation, sondern diese wird von der Ebene der logischen Form gespeist. Auf den verschiedenen Ebenen applizieren Systeme von relativ allgemeinen parametrisierbaren Prinzipien:

*D-Struktur*

*logische Form*

(33)

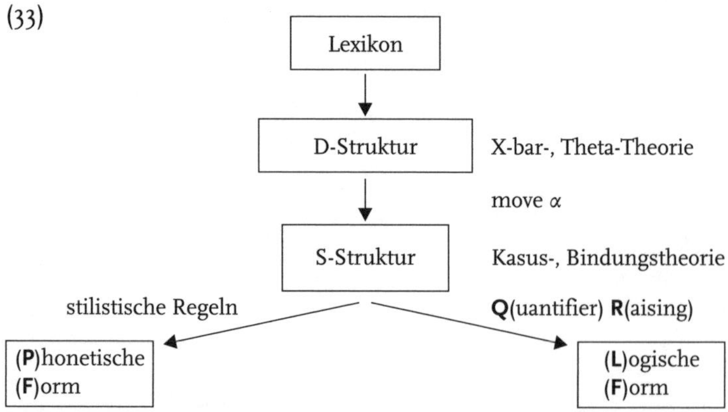

Der Name *T-Modell* leitet sich von der Form ab, die an ein auf dem Kopf stehendes T erinnert.

Aus dem Lexikon werden Elemente ausgewählt, die nach den Prinzipien der X-bar- und der Theta-Theorie zu syntaktischen Strukturen projiziert und verbunden werden. Diese beiden Theorien definieren die D-Struktur. Mittels der Operation move $\alpha$ kann die D-Struktur (deep structure) zur S-Struktur (surface structure) umgeformt werden. Als einzige Transformation muss nur die Umstellung von Konstituenten (move $\alpha$) angenommen werden. Auf dieser Ebene gelten die Kasus- und die Bindungstheorie und hier splitten sich die Informationen, die für die Ebenen der phonetischen (PF) und der logischen Form (LF) jeweils relevant sind. Auf dem Weg zwischen S-Struktur und PF können stilistische Regeln angewendet werden, die keinen Effekt für die logische Form haben, denn reine Stilistik sollte die Bedeutung sprachlicher Ausdrücke nicht verändern. Auf dem Weg von der S-Struktur nach LF findet Quantoren-Anhebung statt, die jedoch auf PF unbemerkt bleibt. Quantoren-Anhebung ist eine Operation die systematisch zu Mehrdeutigkeiten in der Interpretation führt, ohne dass dies hörbar ist. So ist etwa der folgende Satz mit zwei Quantorenphrasen hinsichtlich der distributiven und der Marilyn-Monroe-Lesart mehrdeutig (ambig):

*X-bar-*

*Theta-Theorie*

*phonetische und logische Form*

*Quantoren-Anhebung*

(34) Jeder Mann liebt eine Frau
  a. Zu jedem Mann gibt es eine Frau, so dass der Mann die Frau liebt.
  b. Es gibt eine Frau, für die gilt, dass jeder Mann sie liebt.

Quantoren-Anhebung (quantifier raising QR) ist eine unhörbare Variante von move $\alpha$. Sie findet auf dem Weg zwischen S-Struktur und LF statt, so dass auf der Ebene PF kein Reflex dieses Bedeutungsunterschieds auftritt.

**Merksatz**

Das T-Modell der generativen Grammatik erfasst den systematischen Zusammenhang zwischen den auf den jeweiligen syntaktischen Ebenen geltenden Prinzipien und stellt ein integratives Konzept der natürlich-sprachlichen Kompetenz von Menschen dar.

## Literatur

Chomsky, Noam (1965): *Aspekte der Syntaxtheorie*. Frankfurt/M.: Suhrkamp.

Chomsky, Noam (1981): *Lectures on Government and Binding*. Amsterdam: Foris Publications.

Chomsky, Noam (1986): *Barriers*. Cambridge, Mass.: MIT-Press

Emonds, Joseph (1970): *Root and Structure-Preserving Transformations*. Indiana: Indiana University Linguistics Club Publication.

Emonds, Joseph (1976): *A Transformational Approach to English Syntax*. New York: Academic Press.

Fanselow, Gisbert/Felix, Sascha (1987): *Sprachtheorie. Eine Einführung in die Generative Grammatik*. Band 1 und 2. Tübingen: Francke.

Grewendorf, Günther/Hamm, Fritz/Sternefeld, Wolfgang (1987): *Sprachliches Wissen. Eine Einführung in moderne Theorien der grammatischen Beschreibung*. Frankfurt/M.: Suhrkamp.

Haegeman, Liliane (1994): *Introduction to the Government and Binding Theory*. Oxford UK/Cambridge USA: Blackwell.

Jackendoff, Ray (1977): *X′-Syntax: A Study of Phrase Structure*. Cambridge, Mass.: MIT Press.

Meibauer, Jörg et al. (2002): *Einführung in die germanistische Linguistik*. Stuttgart/Weimar: Metzler.

Radford, Andrew. (1988): *Transformational Grammar. A First Course*. Cambridge Textbooks in Linguistics: Cambridge University Press.

Radford, Andrew. (1997): *Syntax, a Minimalist Introduction. A First Course*. Cambridge Textbooks in Linguistics: Cambridge University Press.

Ross, John Robert (1967): *Constraints on Variables in Syntax*. PhD. Indiana University Linguistics Club Publication.

Webelhuth, Gerd. (1995): *Government and Binding Theory and the Minimalist Program*. Cambridge, Mass: Blackwell.

# Unifikationsgrammatiken 8

- Merkmalsstrukturen
- C-Struktur, f-Struktur
- Dominanz- und Präzedenzregeln
- Unifikation und Disjunktion

## Lexikalisch Funktionale Grammatik (LFG) 8.1

Obwohl der Ansatz der generativen Transformationsgrammatik viele Generalisierungen über Konstituentenstrukturen und grammatische Relationen von natürlichen Sprachen aufzustellen erlaubt, scheinen doch verschiedene Eigenschaften grammatischer Konstruktionen mit Hilfe anderer Repräsentationsformen besser darstellbar zu sein. So würde man sicherlich für die beiden Sätze in (1) annehmen, dass sie die gleiche Prädikat-Argument-Struktur haben, und diese Gleichheit sollte natürlich von der grammatischen Analyse widergespiegelt werden.

*Prädikat-Argument-Struktur*

(1) (i) weil Peter den Hund streichelt. (OV)
(ii) because Peter pets the dog. (VO)

Während der deutsche (Neben-)Satz in (i) die Abfolge Objekt-Verb (OV) aufweist, zeigt das englische Pendant die Verb-Objekt-Abfolge (VO). Verfügt man nur über Phrasenstrukturregeln, so muss man für den deutschen Satz (1) (i) eine Regel (VP ⟶ NP V) schreiben und für den englischen Satz (1) (ii) eine andere (VP ⟶ V NP). Dies liegt daran, dass die Relationen zwischen dem Prädikat und dem Subjekt bzw. Objekt in der generativen Transformationsgrammatik rein strukturell ausgedrückt werden. Der einzige Weg, die Identität der grammatischen Relationen von beiden Sätzen zu repräsentieren, besteht darin, eine identische Tiefenstruktur anzunehmen, so dass in beiden Fällen das Subjekt die höchste NP im Satz ist, während das Objekt eine als Tochterkonstituente der VP realisierte NP ist. Die Einheitlichkeit der beiden Konstruktionen lässt sich also nur über die Annahme einer weiteren Strukturebene angemessen in der Grammatik ausdrücken. Dies hat zu der Ansicht geführt, dass grammatische Funktionen (wie etwa Subjekt, Objekt usw.) gesondert repräsentiert werden sollten. Genau an diesem Punkt setzt die Lexika-

*grammatische Funktionen*

lisch-Funktionale Grammatik (LFG) an. Sie wurde Anfang der 80er Jahre von Joan Bresnan (1982) entwickelt und bezog gewisse Überlegungen zur Sprachverarbeitung mit ein, die eine Theorie, die mehrere parallele grammatische Ebenen annimmt, als problematisch erscheinen lässt. Aus diesem Grund verzichtet die LFG auf Tiefenstrukturen und drückt die grammatischen Relationen mit Hilfe einer gesonderten funktionalen Struktur aus. Einerseits verwendet sie Phrasenstrukturregeln, um die Wortstellungsregularitäten und die Konstituenten-Hierarchie auszudrücken, was zu der so genannten c-Struktur (constituent structure) führt. Andererseits führt sie eine neue Struktur, die sog. f-Struktur (functional structure) ein, um u. a. die grammatischen Funktionen auszudrücken. Beide Strukturen können parallel berechnet werden, während dies für die beiden Strukturebenen (Tiefen- und Oberflächenstruktur) der generativen Transformationsgrammatik nicht funktioniert, da die Oberflächenstruktur die Tiefenstruktur voraussetzt.

*constituent structure*

*functional structure*

Wenn wir eine Satzstruktur wie in (2) (ii) betrachten, so stellen wir fest, dass sie durch die einfachen Phrasenstrukturregeln in (2) (i) erzeugt werden kann:

(2) (i)

| | | | |
|---|---|---|---|
| S | → | NP | VP |
| VP | → | NP | V |
| NP | → | N | |

(ii)

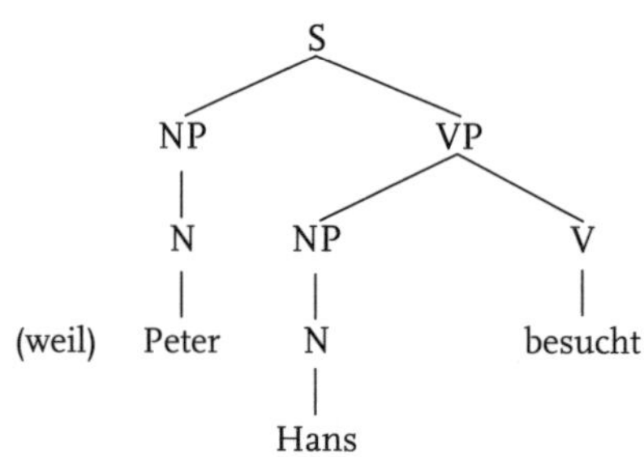


Die Phrasenstrukturregeln in LFG sind aber ein wenig komplexer, denn sie sind um *Funktionale Schemata* erweitert, die mit den Symbolen auf der rechten Seite des Pfeils „→“ assoziiert sind, wie dies in (3) dargestellt ist:

*Funktionale Schemata*

| | | | |
|---|---|---|---|
| (3) S | → | NP<br>(↑ Subj) = ↓ | VP<br>(↑ = ↓) |
| VP | → | NP<br>(↑ Obj) = ↓ | V<br>(↑ = ↓) |
| NP | → | (Det)<br>(↑ = ↓) | N<br>(↑ = ↓) |

Die funktionalen Schemata (↑ Subj) = ↓, (↑ Obj) = ↓, (↑ = ↓) sind mit den Objekten, die rechts vom Pfeil stehen, fest verbunden. Die Elemente des Lexikons weisen ähnlich geartete Schemata auf:

| | | | | |
|---|---|---|---|---|
| (4) (i) | Peter | N | (↑ Pred) | = ‚Peter' |
| | | | (↑ Numerus) | = Singular |
| | | | (↑ Person) | = 3 |
| (ii) | Hans | N | (↑ Pred) | = ‚Hans' |
| | | | (↑ Numerus) | = Singular |
| | | | (↑ Person) | = 3 |
| (iii) | besucht | V | (↑ Pred) = ‚besucht ⟨(↑ Subj), (↑ Obj)⟩' | |
| | | | (↑ Subj Numerus) | = Singular |
| | | | (↑ Subj Person) | = 3 |
| | | | (↑ Tempus) | = Präsens |

Die Einträge des Lexikons enthalten drei verschiedene Typen von Information: erstens eine Repräsentation, die die phonologische (und/oder graphematische) Form angibt, zweitens die syntaktische Kategorie und drittens die Menge der funktionalen Schemata. Wenn in LFG eine Struktur erzeugt wird, so besteht diese aus Phrasenstruktur-Symbolen, die mit funktionalen Schemata annotiert sind, und Elementen des Lexikons. Diese Struktur bildet die c-Struktur, aus der die f-Struktur schrittweise berechnet werden kann.

*Phrasenstruktur-Symbolen*

Mit Hilfe der Regeln in (3) und den Lexikoneinträgen in (4) lässt sich eine f-Struktur erzeugen, die wie in (5) beschaffen ist:

(5)

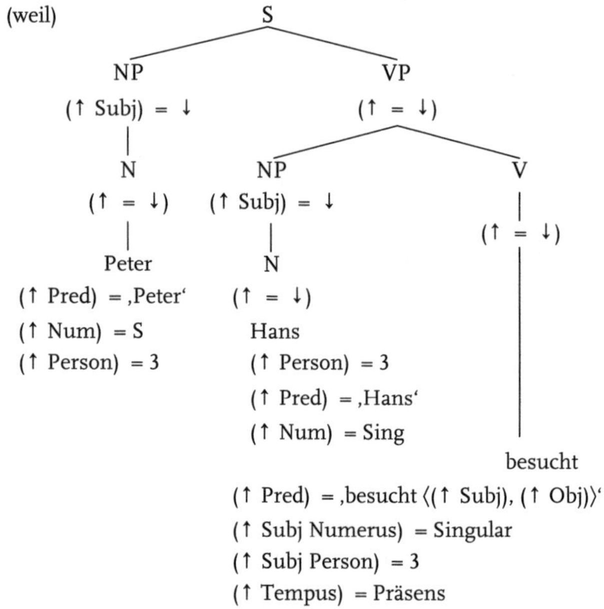


*Metavariablen*

Bevor wir aus dieser Struktur die f-Struktur berechnen, wollen wir die verwendeten Symbole erläutern. Die Symbole ‚↑' und ‚↓' sind *Metavariablen*, die durch funktionale Strukturen ersetzt werden können. Die Metavariable ‚↓' wird als *Self* bezeichnet, weil sie sich auf die f-Struktur desjenigen Knotens bezieht, an dem sie notiert ist. Die Metavariable ‚↑' wird als *Mother* bezeichnet, weil sie auf die f-Struktur desjenigen Knotens referiert, der den Knoten, an dem sie notiert ist, unmittelbar dominiert.

*instanziiert*

Die Variablen werden im nächsten Schritt der Strukturbildung *instanziiert*, indem an jedem Knoten die Metavariablen ‚↑' und ‚↓' durch die Variablen, die an den jeweiligen Knoten auftreten, ersetzt werden. Die Metavariable ‚↑' wird mit der Variablen des Mutterknotens instanziiert, und die Metavariable ‚↓' mit der Variablen desjenigen Knotens, an dem sie auftritt. Wenn wir die Variablen an den Knoten mit ‚$f$' bezeichnen und für die einzelnen Knoten jeweils einen Index an $f$ notieren, so ergibt sich zu der c-Struktur in (5) die Struktur in (6):

(6)

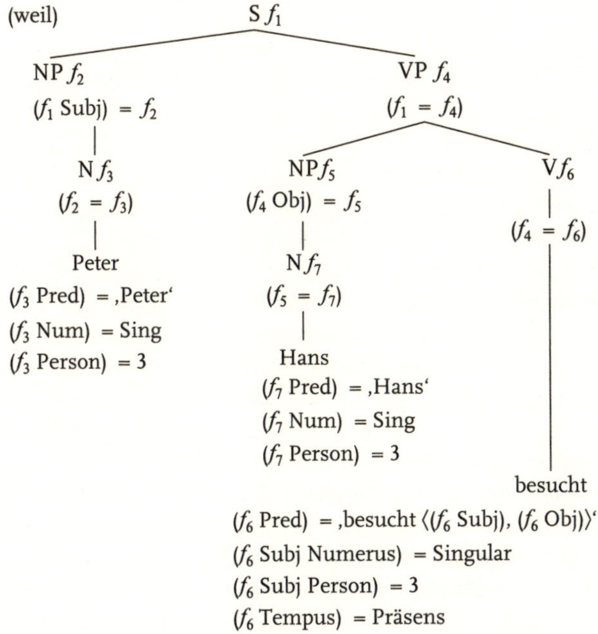


Wir sehen nun, warum die Pfeilsymbole ‚↑' und ‚↓' als Metavariablen bezeichnet werden: Sie sind Variablen für die Variablen $f_i$.

*funktionale Beschreibung*

Die Gesamtheit der funktionalen Schemata, die in dem Strukturbaum in (6) auftreten, bilden die funktionale Beschreibung, die die Basis für die Berechnung der f-Struktur liefert. Die (funktionale) f-Struktur besteht aus der Gesamtheit der funktionalen Gleichungen, die in der Struktur in (6) auftreten. Diese repräsentieren neben den grammatischen Funktionen Subjekt und Objekt auch die flexionalen Merkmale und die Kongruenzbeziehungen, die zwischen den einzelnen Knoten bestehen.

**Merksatz**

Die Lexikalisch Funktionale Grammatik (LFG) erzeugt zwei verschiedene Strukturen, um einerseits die Konstituentenstruktur (c-Struktur) und andererseits die funktionale Struktur (f-Struktur) zu repräsentieren.

## 8.2 Generalisierte Phrasenstruktur Grammatik (GPSG)

Die Generalisierte Phrasenstrukturgrammatik (*Generalized Phrase Structure Grammar GPSG*) wurde Mitte der achtziger Jahre von Gerald Gazdar, Ewan Klein, Geoffrey Pullum und Ivan Sag (1985) erstmals in einer Gesamtdarstellung publiziert. GPSG ist eine Grammatiktheorie, die einerseits eine explizite Darstellung und Behandlung grammatischer Merkmale vornimmt und andererseits auch semantische Repräsentationen in der Ableitung komplexer Ausdrücke aufnimmt. Insofern hat die GPSG Ähnlichkeit mit der LFG. Die semantischen Werte der komplexen Ausdrücke werden in Anlehnung an die in der Einleitung knapp vorgestellten Montague-Grammatik repräsentiert und unter Anwendung des Prinzips der *funktionalen Applikation* konstruiert. Darunter ist zu verstehen, dass in einer binären Struktur ein Teilausdruck als *Funktion* aufgefasst wird und der andere als *Argument*. Bei der Kombination der beiden Ausdrücke wird der Funktionsausdruck auf das Argument angewendet (appliziert) und der semantische Wert der resultierenden komplexen Kategorie ist der Funktionswert, den die Funktor-Kategorie an der Argumentstelle hat. Die GPSG verwendet die Techniken und Verfahrensweisen der Kategorial- und Montague-Grammatik, die wir in diesem Buch nur andeutungsweise besprochen haben. Die dort dargestellten Prinzipien der semantischen Kategorisierung und Komposition gelten im Wesentlichen auch für die semantische Kategorisierung und Komposition in der GPSG.

*grammatische Merkmale*

*Montague-Grammatik*

Die von den Regeln einer GPSG erzeugten Objekte sind Baumstrukturen, die mit komplexen Merkmalsstrukturen verbunden sind, ähnlich wie in der LFG. Jedoch sind die Prinzipien, nach denen Merkmale in diese Grafen eingeführt werden, explizit benannt und ein wesentlicher Bestandteil der GPSG regelt deren Auftreten und Verteilung.

### Phrasenstrukturregeln

Die in den bekannten Phrasenstrukturregeln enthaltenen Strukturaspekte der Linearität und der Hierarchie werden in GPSG in separate *Dominanz-* und *Präzedenzregeln* aufgespalten. Dominanzregeln ID-Regeln (für engl. *immediate dominance*) bestimmen die Beziehung zwischen dem Mutter- und dem Tochterknoten. Mit Hilfe von *Präzedenzregeln* LP-Regeln (für engl. *linear*

*ID-Regel*

*LP-Regel*

*precedence*) werden die linearen Abfolgen, d. h. die Wortstellungsregularitäten erfasst und abgebildet.

Die Form von Dominanzregeln ähnelt der Form von Phrasenstrukturregeln, wobei bei den Dominanzregeln auf der rechten Seite durch Kommata getrennte Kategorien auftreten:

(7) ID-Regel: A ⟶ B, C, D

*Grafen-Objekt der Tiefe 1*

Eine solche ID-Regel definiert einen *lokalen Baum*. Ein lokaler Baum ist ein Grafen-Objekt der Tiefe 1. Die ID-Regel in (7) definiert den lokalen Baum in (8):

(8)

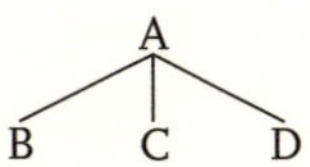


Da B, C und D in der ID-Regel unter (7) durch Kommata getrennt sind, ist ihre Reihenfolge nicht determiniert. Es ist lediglich festgelegt, dass A der Mutterknoten von B, C und D ist. Die ID-Regel in (7) legt also insgesamt genau die folgenden sechs (= 3! lies: 3 Fakultät) lokalen Bäume fest:

(9)

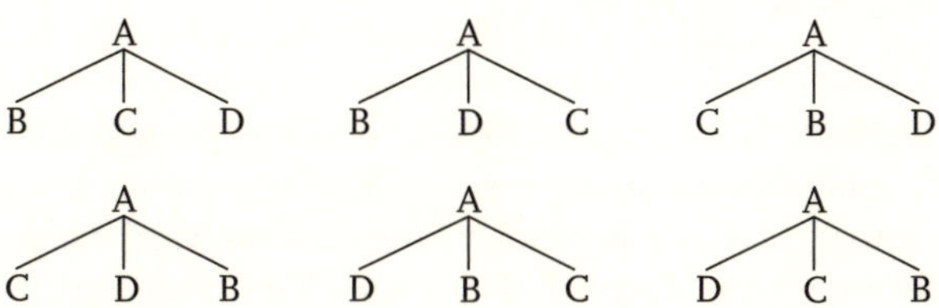


ID-Regeln definieren lokale Bäume also reihenfolgeunabhängig.

*Wortstellungsregularitäten*

Natürlich sollen in GPSG auch Wortstellungsregularitäten ausgedrückt werden können. Dies geschieht mit den Präzedenz- oder LP-Regeln (*linear precedence*), die mit Hilfe des Ordnungszeichens ‚<' formuliert werden, wobei A < B heißt, dass A B vorausgeht, wenn A und B Schwestern sind.

## Grammatische Kategorien

Die Merkmale zur Definition der lexikalischen Kategorien {N, A, V, P} ergeben sich aus der Kombinatorik der beiden Merkmale [± V] und [± N], in Anlehnung an eine Klassifikation aus der generativen Grammatik:

(10) N: [+N, –V]
V: [–N, +V]
A: [+N, +V]
P: [–N, –V]

*Komplexitätsgrade*

*Attribut-Wert-Paare*

Die Komplexitätsgrade, die wir in der X-Bar-Theorie der Rektions- und Bindungstheorie (GB) kennen gelernt haben und die dort strukturell unterschieden wurden, werden in GPSG durch Attribut-Wert-Paare in einer Merkmalsstruktur ausgedrückt, die sich folgendermaßen darstellen lässt:

(11)

| GB: | GPSG: |
|---|---|
| VP | {⟨N, –⟩, ⟨V, +⟩, ⟨Bar, 2⟩} |
| \| | |
| V' | {⟨N, –⟩, ⟨V, +⟩, ⟨Bar, 1⟩} |
| \| | |
| $V^0$ | {⟨N, –⟩, ⟨V, +⟩, ⟨Bar, 0⟩} |

## Grammatische Merkmale

*Merkmalsstrukturen*

*Kongruenzmerkmale*

Die wesentlichen grammatischen Objekte (Konstituenten) in GPSG sind *Merkmalsstrukturen*. Solche Merkmalsstrukturen können atomar oder komplex sein. Eine *atomare* Merkmalsstruktur besteht aus einem *Merkmal-Wert-Paar*: ⟨Merkmal: Wert⟩. *Komplexe* Merkmalsstrukturen bestehen ebenfalls aus einem Merkmal und einem Wert, wobei der Wert selber wieder eine Merkmalsstruktur ist. Gerade so wie in der LFG sind die Merkmalsstrukturen in GPSG rekursiv. So besitzt ein finites Verb im Deutschen etwa Kongruenzmerkmale, sowie *Tempus*- und *Modus-Merkmale*, wobei die Werte folgendermaßen spezifiziert sein könnten:

(12) ⟨Vfin, ⟨AGR, ⟨Person, 3⟩
⟨Numerus, Sg⟩⟩
⟨Tempus, Präsens⟩
⟨Modus, Indikativ⟩⟩

Vfin und AGR sind komplexe Merkmalsstrukturen, während Tempus und Modus atomare Merkmalsstrukturen sind.

Da innerhalb von Merkmalsstrukturen Hierarchien existieren können, die verschiedene Merkmale bündeln, muss man sich überlegen, wie diese Merkmalsstrukturen jeweils gebündelt und organisiert sind. So könnte eine Kategorie CAT einerseits aus einem *BAR-Merkmal* und einem sog. *Head-Merkmal* bestehen. Das BAR-Merkmal ist einfach, denn als Wert enthält es den Bar-Level der Kategorie im Sinne der X-bar-Theorie. Das HEAD-Merkmal ist allerdings komplex, denn es besteht aus sog. *MAJOR-* und *MINOR-Merkmalen*. MAJOR-Merkmale sind die Merkmale N, V, die jeweils positiv oder negativ spezifiziert sein können und damit die syntaktische Kategorie festlegen. Die MINOR-Merkmale setzen sich zusammen aus *AGR-Merkmalen*, also Kongruenz (*agreement*) in Person und Numerus, so dass auch diese Merkmalsstruktur wieder komplex ist, sowie *CASE-Merkmalen* (*Kasus*). Eine typische Merkmalsstruktur einer solchen Kategorie lässt sich mit ihrer internen Hierarchie folgendermaßen darstellen (vgl. Gazdar et al. 1985:22):

*Head-Merkmal*

*Kongruenz*

(13)

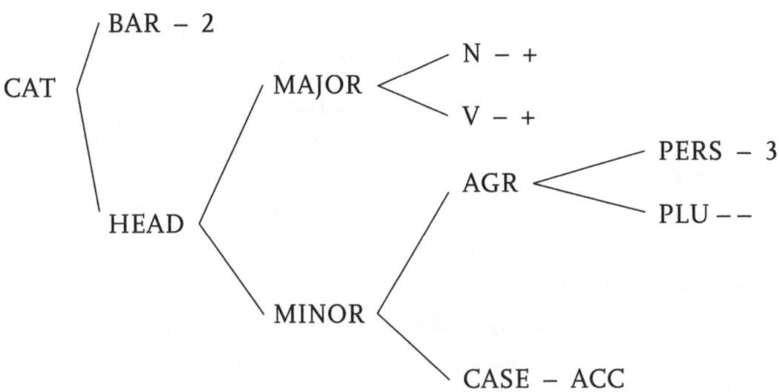


Bei dieser Kategorie handelt es sich um eine Nominalphrase (⟨N, +⟩, ⟨V, –⟩, ⟨BAR, 2⟩) im Akkusativ (⟨CASE, ACC⟩) in der dritten Person Singular (⟨PERSON, 3⟩, ⟨PLU, –⟩).

In GPSG werden die Merkmale verschiedenen Teilklassen zugewiesen, die nicht notwendigerweise disjunkt sein müssen. Ein Merkmal kann also durchaus in verschiedenen Klassen auftreten. Wir wollen die Details dieser Vorgehensweise hier jedoch nicht weiter vertiefen, sondern uns den Grundzügen einer aus der GPSG entstandenen weiteren Grammatiktheorie zuwenden.

**Merksatz**

Die Generalisierte Phrasenstruktur-Grammatik (GPSG) führt differenzierte Merkmalsstrukturen ein, die mittels Unifikation miteinander verbunden werden.

## 8.3 Kopfgesteuerte Phrasenstrukturgrammatik (HPSG)

HPSG (*Head driven Phrase Structure Grammar*) ist eine informationsbasierte Theorie über die Syntax und Semantik natürlicher Sprachen, die Perspektiven und Forschungsergebnisse aus ganz verschiedenen theoretischen Richtungen aufgreift und zu einer Grammatiktheorie zusammenfügt. Dazu zählen neben der LFG (Lexikalisch Funktionale Grammatik), der GPSG (Generalisierte Phrasenstrukturgrammatik) und der Kategorialgrammatik auch die Rektions- und Bindungstheorie, sowie Ansätze der Situationssemantik und der Diskursrepräsentationstheorie und verschiedene aus der Computerlinguistik bekannte Theorien über Wissensrepräsentation und unifikationsbasierte Formalismen.

*mathematischer Formalismus*

Die HPSG ist ein mathematischer Formalismus über sprachliche Objekte, der von Carl Pollard und Ivan Sag um 1987 entwickelt wurde. Sie versteht sich als eine Theorie, die Syntax und Semantik integriert und auf der Basis von Lexikoneinträgen und grammatischen Regeln sowie universellen Prinzipien syntaktische und semantische Strukturen aufbaut. Obwohl GPSG als historischer Vorläufer von HPSG gelten kann, existieren doch nicht unerhebliche Unterschiede zwischen den beiden Ansätzen.

*universelle Prinzipien*

So ist HPSG im Hinblick auf die Verbindung von Wörtern und Phrasen direkt an der Kategorialgrammatik orientiert, indem Wörter und Phrasen die Informationen ihrer syntaktischen und semantischen Umgebung selbst enthalten und nicht durch eine separate Regelkomponente spezifiziert werden müssen.

Alle wohlgeformten sprachlichen Objekte werden in dieser Theorie durch eine Merkmalsstruktur – ähnlich wie in GPSG – beschrieben. Jede Kategorie ist eine solche Merkmalsstruktur, die aus Merkmal-Wert-Paaren besteht, wobei die Werte selbst wieder Merkmalsstrukturen sein können.

*Zeichen*

Merkmalsstrukturen in HPSG besitzen immer einen bestimmten Typ. Das fundamentale theoretische Konstrukt in HPSG ist vom Typ *Zeichen* (*sign*). Eine Struktur vom Typ Zeichen hat mindestens die Merkmale PHONOLOGY, SYNTAX und SEMANTICS für eine phonologische, eine syntaktische und eine semantische Repräsentation. Insbesondere weist eine solche Struktur die beiden Komponenten PHONOLOGY und SEMANTICS auf, die bereits von Saussure (Lautbild und Vorstellung) als die relevanten Komponenten des sprachlichen Zeichens identifiziert wurden. Zur Illustration geben wir hier eine Merkmalsstruktur für ein Zeichen an (vgl. Sag, I./Pollard, C. 1987:10):

(14)

```
PHONOLOGY   / ... /
SYNTAX      LOCAL     HEAD      MAJ    ...
                                VFORM  ...
                                AUX    ...
                                .
                                .
                      SUBCAT    ⟨ ... ⟩
                      LEX       ...
            BINDING   SLASH { ... }
                      QUE   { ... }
                      REL   { ... }
SEMANTICS   CONTENT   RELATION   ...
                      role1
                      .
                      .
                      rolen
                      LOCATION   ...
                      POLARITY   ...
            REFERENCE-MARKERS    { ... }
            QUANTIFIER-STORE     { ... }
            REFLEXIVE-STORE      { ... }
```

Das Merkmal PHONOLOGY enthält als Wert die phonologische Repräsentation des Zeichens. Das Merkmal SYNTAX ist unterteilt in lokale (LOCAL) und nicht-lokale (BINDING) Merkmale. Lokale Merkmale spezifizieren kombinatorische Eigenschaften wie etwa die Kategorie (MAJ), die Verbflexion (VFORM) usw. Nicht-lokale (BINDING)-Merkmale sind nicht vom lexikalischen Kopf bestimmt, sondern erfassen weite Abhängigkeiten, wie etwa das SLASH-Merkmal, das Merkmal QUE, das angibt, ob ein Fragepronomen, und das Merkmal REL, das angibt, ob ein Relativpronomen in dem Ausdruck enthalten ist. Das Merkmal SEMANTICS enthält ein CONTENT-Merkmal, in dem die semantische Form des Ausdrucks mit den thematischen Rollen notiert ist, und Spezifikationen über die referenziellen Eigenschaften (REFERENCE-MARKERS), das Auftreten von Quantoren (QUANTIFIER-STORE) und Pronomina (REFLEXIVE-STORE).

*Heyting-Algebra*
*Unifikation*
*Disjunktion*

Der gesamte Formalismus einer HPSG basiert auf einer mathematischen Struktur: der *Heyting-Algebra*. Eine Heyting-Algebra ist eine *Verbandsstruktur*, auf der die Operationen der *Unifikation* und der *Disjunktion* für alle Elemente definiert sind.

Generell werden die grammatischen Objekte miteinander unifiziert, wobei die Unifikation in ähnlicher Weise definiert ist, wie in GPSG. Wir wollen dieses Konzept hier aber nicht vorstellen.

Unter dieser Konzeption stellt sich eine Sprache wie das Deutsche als die Menge der komplexen Verbände von lexikalischen Zeichen, grammatischen Regeln und generellen Prinzipien dar, die mittels Unifikation ‚∧' oder Disjunktion ‚∨' aufeinander bezogen sind (vgl. Sag, I./Pollard, C. 1987:12):

(15) Deutsch =

$$\left(\left(\underbrace{\begin{bmatrix}\text{PHONOLOGY} & \ldots\\ \text{SYNTAX} & \ldots\\ \text{SEMANTICS} & \ldots\end{bmatrix}}_{\text{lex. Zeichen}_1} \vee \ldots \vee \underbrace{\begin{bmatrix}\text{PHONOLOGY} & \ldots\\ \text{SYNTAX} & \ldots\\ \text{SEMANTICS} & \ldots\end{bmatrix}}_{\text{lex. Zeichen}_m}\right) \wedge \left(\underbrace{\begin{bmatrix}\text{PHONOLOGY} & \ldots\\ \text{SYNTAX} & \ldots\\ \text{SEMANTICS} & \ldots\\ \text{DAUGHTERS} & \ldots\end{bmatrix}}_{\text{Regel}_1} \vee \ldots \vee \underbrace{\begin{bmatrix}\text{PHONOLOGY} & \ldots\\ \text{SYNTAX} & \ldots\\ \text{SEMANTICS} & \ldots\\ \text{DAUGHTERS} & \ldots\end{bmatrix}}_{\text{Regel}_n}\right)\right) \wedge \underbrace{[\ldots]}_{\text{Prinzip}_1} \wedge \ldots \wedge \underbrace{[\ldots]}_{\text{Prinzip}_p}$$

Lexikalische Objekte und Regel-Objekte werden disjunktiv miteinander verknüpft und mit den geltenden Prinzipien unifiziert. HPSG stellt damit eine Grammatiktheorie dar, in der die kombinatorischen Prinzipien gänzlich durch einheitliche Operationen realisiert sind.

**Merksatz**

In HPSG (head driven phrase structure grammar) haben lexikalische Elemente und grammatische Regeln und Prinzipien einen einheitlichen Datentyp: die Merkmalsstruktur. Alle grammatisch komplexen Ausdrücke werden einheitlich auf der Basis der Operationen *Unifikation* und *Disjunktion* gebildet.

## Literatur

**Lexikalisch Funktionale Grammatik (LFG):**

Bresnan, Joan (2001): *Lexical-Functional Syntax*. Oxford: Blackwell.

Bresnan, Joan (Hg.) (1982): *The Mental Representation of Grammatical Relations*. Cambridge, Mass: MIT Press.

Dalrymple, Mary (Hg.) (2001): *Syntax and Semantics*. Vol. 34: Lexical Functional Grammar. New York: Academic Press.

Kaplan, Ronald M. (1995): The Formal Architecture of Lexical-Functional Grammar. In: Dalrymple, Mary et al. (Hgg.): *Formal Issues in Lexical-Functional Grammar*. Stanford: CSLI Publications, 7–27.

Neidle, C. (1994): Lexical Functional Grammar. In: *Encyclopaedia of Language and Linguistics*. New York: Pergamon Press.

Sells, Peter (1985): *Lectures on Contemporary Syntactic Theories: An Introduction to Government-Binding Theory, Generalized Phrase Structure Grammar, and Lexical-Functional Grammar*. Stanford: CSLI Publications.

Wescoat, Michael (1989): *Practical Instructions for Working with the Formalism of Lexical Functional Grammar*. MS, Xerox Parc.

Wescoat, Michael/Zaenen, Annie (1991): Lexical Functional Grammar. In: Droste, Flip G./Joseph, John E. (Hgg.): *Linguistic Theory and Grammatical Description*. Amsterdam: Benjamins, 103–136. (= *Current Issues in Linguistic Theory 75*)

**Generalized Phrase Structure Grammar (GPSG) und Head driven Phrase Structure Grammar (HPSG):**

Gazdar, Gerald/Klein, Ewan/Pullum Geoffrey/Sag, Ivan (1985): *Generalized Phrase Structure Grammar*. Oxford: Blackwell.

Müller, Stefan/Kasper, Walter (2000): HPSG Analysis of German. In Wolfgang Wahlster (Hg.): *Verbmobil: Foundations of Speech-to-Speech Translation*. Berlin/Heidelberg/New York: Springer, 238–253.

Pollard, Carl/Sag, Ivan A. (1987): *An Information-Based Syntax and Semantics. Vol. 1, Fundamentals*. Stanford: CSLI Publications.

Pollard, Carl/Sag, Ivan A. (1994): *Head-Driven Phrase Structure Grammar*. Chicago/Stanford: University Chicago Press/CSLI Publications.

Sag, Ivan A./Thomas Wasow (1999): *Syntactic Theory: A Formal Introduction*. Stanford: CSLI Publications.

Stefan Müller (1999): *Deutsche Syntax deklarativ. Head-Driven Phrase Structure Grammar für das Deutsche*. Tübingen: Niemeyer. (= Linguistische Arbeiten, 394)

# Optimalitätstheorie 9

- Regelsysteme
- Regelordnung und Regelverstoß
- Beschränkungen und Beschränkungsordnung
- Beschränkungsprofile
- Optimalitäts-Tabellen

## Grundlegende Konzepte 9.1

Die *Optimalitätstheorie* (OT) ist eine Grammatiktheorie, die nicht fordert, dass stets alle grammatischen Regeln strikt befolgt werden müssen, sondern die es erlaubt, auch gegen Regeln zu verstoßen, ohne dass ungrammatische Strukturen entstehen. Sie wurde zu Beginn der neunziger Jahre im Rahmen der Phonologie im Wesentlichen von Allan Prince und Paul Smolensky (1993) entwickelt und in der Nachfolge auf andere Bereiche der Sprachwissenschaft, insbesondere auch auf die Syntax (Grimshaw 1997) erweitert. Die Grundprinzipien dieser Theorie sind recht einfach. Sie gehen davon aus, dass Regeln unterschiedlich wichtig sind, und dass man gegen eine Regel verstoßen darf, wenn es eine wichtigere Regel zu befolgen gilt. Das folgende Beispiel aus Müller (2000:6) illustriert recht schön, wie ein derart organisiertes Regelsystem funktioniert. Dieses System bestimmt, wie die Vorfahrt im deutschen Straßenverkehr geregelt wird. Alle optimalitätstheoretischen Prinzipien werden dabei in den wesentlichen Zügen schon sichtbar, obwohl dieses Regelsystem nichts mit natürlicher Sprache zu tun hat. Gleichwohl ist das System der Verkehrszeichen und ihrer Interpretation ein Zeichensystem, das auch verschiedene Aspekte natürlich-sprachlicher Zeichensysteme aufweist. Es besteht aus unterschiedlich wichtigen Regeln, die miteinander in Konflikt geraten können, so dass das Befolgen einer Regel nur zu dem Preis geschehen kann, dass gegen eine andere Regel verstoßen wird:

(1)

a. V(ERKEHRS)-POL(IZIST) (StVO § 36):
Die Zeichen und Weisungen von Polizeibeamten auf der Kreuzung sind zu befolgen. („Sie gehen allen anderen Anordnungen und sonstigen Regeln vor.")

b. BL(AULICHT)-EIN(SATZHORN) (StVO §§ 35, 38):
Fahrzeuge des Rettungsdienstes und der Polizei dürfen blaues Blinklicht zusammen mit einem Einsatzhorn verwenden; dies ordnet an: „Alle übrigen Verkehrsteilnehmer haben sofort freie Bahn zu schaffen."

c. L(ICHT)-ZEI(CHEN) (StVO § 37):
An Kreuzungen bzw. Einmündungen bedeuten Grün: „Der Verkehr ist freigegeben"; Gelb: „Vor der Kreuzung auf das nächste Zeichen waren"; Rot: „Halt vor der Kreuzung". („Lichtzeichen gehen Vorrangregeln [und] vorrangregelnden Verkehrsschildern ... vor.")

d. V(ERKEHRS)-ZEI(CHEN)(A) (StVO § 39):
Verkehrszeichen auf einem Fahrzeug ist Folge zu leisten. Sie gelten auch, wenn das Fahrzeug sich bewegt. („Sie gehen den Anordnungen der ortsfest angebrachten Verkehrszeichen vor.")

e. V(ERKEHRS)-ZEI(CHEN)(B) (StVO § 39):
Ortsfesten Verkehrszeichen ist Folge zu leisten. („Regelungen durch Verkehrszeichen gehen den allgemeinen Verkehrsregeln vor.")

f. S(TRASSE) V(OR) F(ELDWEG) (StVO § 8):
Fahrzeuge, die aus einem Feld- oder Waldweg auf eine andere Straße kommen, haben Vorfahrt zu gewähren. („[g] gilt nicht, wenn ...")

g. R(ECHTS) V(OR) L(INKS) (StVO § 8a):
An Kreuzungen und Einmündungen hat die Vorfahrt, wer von rechts kommt.

Die Regeln sind nach ihrer Wichtigkeit geordnet, d.h. früher genannte Regeln sind wichtiger als später genannte und man darf gegen weniger wichtige Regeln verstoßen, wenn man wichtigere Regeln einhalten muss. So lässt sich zu einer Situation, in der zwei Autofahrer an einer Kreuzung ankommen, das folgende Szenario vorstellen: Fahrer 1 kommt von rechts, aber die Ampel ist rot, während Fahrer 2 von links kommt und seine Ampel grün ist. In dieser Situation darf Fahrer 2 fahren, während Fahrer 1 warten muss. Gegen die Regel g. (RVL) wird also zugunsten der Einhaltung der Regel c. (L-ZEI) verstoßen. Nun könnte es aber sein, dass sich ein Fahrzeug mit Einsatzhorn nähert, so dass auch Fahrer 2 warten muss. Damit wird gegen Regel c. (L-ZEI) verstoßen, aber Regel b. (BL-EIN) wird genüge getan. Nun ließe sich weiterhin vorstellen, dass ein Polizist auf der Kreuzungsmitte steht und den Verkehr regelt. Dann muss sich auch der Wagen mit Einsatzhorn den Anweisungen des Polizisten unterordnen und ggf. warten, so dass auch gegen Regel b. (BL-EIN) verstoßen werden muss, damit Regel a. (V-POL) erfüllt werden kann.

Dieses Beispiel zeigt sehr schön, dass Regeln nicht absolut gelten, sondern in Abhängigkeit von anderen Bedingungen angewendet oder ignoriert werden. In einer optimalitätstheoretischen Grammatik verhalten sich die Dinge ebenso. Wenn wichtigere Regeln eingehalten werden müssen, so darf gegen weniger wichtige Regeln verstoßen werden. Wir sehen damit zwei wesentliche Grundprinzipien der Optimalitätstheorie:

(2) (i) Gegen Regeln darf verstoßen werden.
(ii) Regeln sind nach Wichtigkeit geordnet.

Fahrer 1 und Fahrer 2 haben jeweils zwei Möglichkeiten, sich in der gegebenen Situation zu verhalten: Sie können fahren, oder sie können warten. Das ergibt insgesamt vier mögliche Konstellationen:

(3) (i) Fahrer 1 fährt und Fahrer 2 fährt auch.
(ii) Fahrer 1 fährt und Fahrer 2 wartet.
(iii) Fahrer 1 wartet und Fahrer 2 fährt.
(iv) Fahrer 1 und Fahrer 2 warten.

*Menge der Kandidaten*

*Beschränkungen*

*ranking*

Diese verschiedenen Möglichkeiten bilden die Menge der Kandidaten, die in einen Wettbewerb treten, und die Menge der Beschränkungen (Regeln) zusammen mit ihrer Ordnung legen fest, welcher der Kandidaten gewinnt. Die Optimalitätstheorie kann somit als eine Wettbewerbstheorie verstanden werden, bei der verschiedene Kandidaten in einen Wettbewerb treten, in dem ein Gewinner ermittelt wird. Der Inhalt und die Ordnung (ranking) der Beschränkungen legen dabei fest, wie gut ein Kandidat ist und nur der beste kann gewinnen. Alle anderen Kandidaten sind de facto Verlierer, oder in den Begriffen einer Grammatik mit strikten Regeln: *ungrammatisch*.

Wir sehen aber auch, dass in Fällen, in denen keine besonderen Bedingungen vorherrschen, die letzte Regel als eine Standardregel angewendet wird, die immer dann wirksam ist, wenn keine höher gewichteten Beschränkungen erfüllt sein müssen. Für unser Beispiel heißt dies, dass in Deutschland die Regel g. (RVL) *rechts vor links* gilt, wenn keine anderen Bedingungen bestehen.

An eine Grammatiktheorie, die generell gelten und in einem bestimmten Sinne die grammatischen Eigenschaften aller menschlicher Sprachen modellieren soll, sind verschiedene Anforderungen zu stellen. Insbesondere müssen die Regeln und Prinzipien, die für die Festlegung der grammatischen Strukturen zuständig sind, einen *universellen* Status haben, d.h. in der ein oder anderen Form in allen menschlichen Sprachen gleich sein. Für die Optimalitätstheorie können wir in dieser Hinsicht die folgenden Eigenschaften zusammenfassen:

(4) *Universalität:* Beschränkungen gelten universell.
*Verletzbarkeit:* Beschränkungen können verletzt werden.
*Geordnetheit:* Beschränkungen sind geordnet.
*Wettbewerb:* Ob ein Kandidat gewinnt, hängt nicht nur von seinen internen Eigenschaften ab, sondern auch von externen Faktoren, die sich aus dem Wettbewerb mit den anderen Kandidaten ergeben.

*universelle Beschränkungen*

*Grad ihrer Gewichtung*

Wesentliche Aufgabe der Optimalitätstheorie ist die Bestimmung der universellen Beschränkungen und der Grad ihrer Gewichtung. Die Variation zwischen den verschiedenen Sprachen dieser Welt ist dann auf eine je spezifische Anordnung der Beschränkungen zurückzuführen. So kann es sein, dass die Beschränkungen $B_1$, $B_2$ und $B_3$ in einer Sprache die Ordnung $B_1 \gg B_2 \gg B_3$ aufweisen, während sie in einer anderen Sprache in der Ordnung $B_3 \gg B_1 \gg B_2$ auftreten. Während die Beschränkungen also universell sind, kann das sog. *Ranking* der Beschränkungen von Sprache zu Sprache variieren und dabei der Variation zwischen den einzelnen Sprachen Rechnung tragen.

*Optimalität*

*Beschränkungsordnung*

Bevor wir ein Beispiel aus der Sprache betrachten, sollte vorher klargestellt werden, was Optimalität eines Kandidaten überhaupt heißt. Optimal ist ein Kandidat ja nicht einfach so, sondern immer im Hinblick auf eine bestimmte Beschränkungsordnung. Die Beschränkungsordnung wird durch die Beschränkungen und ihre Gewichtung bestimmt. Wenn $B_1$, $B_2$, ..., $B_n$ Beschränkungen sind, dann kann ihre Ordnung folgendermaßen notiert werden:

$\langle B_1 \gg B_2 \gg ... \gg B_n \rangle$.

Dies besagt, dass $B_1$ die am höchsten gewichtete Bedingung ist, $B_2$ ist etwas weniger wichtig, und $B_n$ ist die Standardbeschränkung, die immer dann zutrifft, wenn nichts wichtigeres gelten muss.

*Beschränkungsprofile*

Die Elemente der Kandidatenmenge, die in einen Wettbewerb miteinander treten, erhalten i.d.R. unterschiedliche Beschränkungsprofile. Ein Beschränkungsprofil gibt an, gegen welche Bedingungen der Kandidat verstößt und gegen welche nicht.

Mit dem Konzept des Beschränkungsprofils lässt sich der Begriff der Optimalität genauer charakterisieren. *Optimal* ist ein Kandidat $K_i$ hinsichtlich einer bestimmten Beschränkungsordnung genau dann, wenn es keinen anderen Kandidaten $K_j$ in derselben Kandidatenmenge gibt, der ein besseres Beschränkungsprofil hat als $K_i$.

*Optimalitäts-Tabellen*

Die Güte von Beschränkungsprofilen lässt sich mit Hilfe von sog. *Optimalitäts-Tabellen* übersichtlich darstellen. In einer solchen Tabelle erhält jeder Kandidat eine Zeile und jede Beschränkung eine Spalte. Die Beschränkungs-Spalten sind von links nach rechts gemäß der Beschränkungsordnung verteilt. Wenn ein Kandidat eine Beschränkung verletzt, wird in derjenigen Tabellen-Zelle ein Stern eingezeichnet, die durch die Kandidaten-Zeile und die Beschränkungsspalte eindeutig bestimmt ist. Der am weitesten links stehende Stern in einer Zeile zeichnet damit zu einem Kandidaten die höchstgeordnete Beschränkung aus, gegen die er verstößt. Dieser Stern wird mit einem Ausrufezeichen (!) versehen.

Wenn die Kandidatenmenge als $K_1$, $K_2$, $K_3$, $K_4$ gegeben ist und $B_1$, $B_2$ und $B_3$ in der Ordnung $\langle B_1 \gg B_2 \gg B_3 \rangle$ stehen, dann könnte eine typische OT-Tabelle etwa folgendermaßen aussehen:

(5)

| Kandidaten | $B_1$ | $B_2$ | $B_3$ |
|---|---|---|---|
| $K_1$ | | *! | * |
| $K_2$ | *! | | ** |
| ☞ $K_3$ | | | * |
| $K_4$ | *! | * | * |

Kandidat $K_1$ verstößt gegen die Bedingungen $B_2$ und $B_3$. Weil für den Kandidaten $K_1$ die Bedingung $B_2$ die am höchsten geordnete Bedingung ist, gegen die er verstößt, erhält der Stern bei $B_2$ ein

Ausrufezeichen. Dies ist bei $K_2$ und $K_4$ der Stern bei der Bedingung $B_1$. Da $K_2$ und $K_4$ gegen eine höher geordnete Bedingung verstoßen als $B_2$, haben sie gegen $K_1$ verloren. Aber $K_1$ hat damit noch nicht gewonnen, denn $K_3$ verstößt nur gegen die Bedingung $B_3$, die tiefer geordnet ist als $B_2$, gegen die $K_1$ verstößt. Damit verliert $K_1$ gegen $K_3$, und $K_3$ ist der optimale Kandidat. Er wird mit dem sog. *pointing finger* ausgezeichnet.

*pointing finger*

Eine optimalitätstheoretische Grammatik hat eine Struktur, in der verschiedene Komponenten aufeinander bezogen sind. Damit überhaupt Kandidaten verfügbar sind, werden diese zunächst von einem *Generator* erzeugt. Der Generator erhält einen bestimmten *Input*, der aus den Basiselementen derjenigen Struktur besteht, die aufgebaut werden soll. Im Falle von Silben sind das einzelne Laute, bei Wörtern die Morpheme, bei Sätzen die Wörter usw. Der Generator erzeugt daraus die Menge der (Output-)Kandidaten $O_i$, die in den Wettbewerb miteinander treten. Die *Evaluation* des Wettbewerbs führt dazu, dass ein optimaler Kandidat ermittelt wird, und dieser Kandidat ist damit als der grammatisch wohlgeformte Kandidat festgelegt. Alle anderen Kandidaten gelten als ungrammatisch.

*Evaluation*

Die folgende Grafik zeigt die verschiedenen Komponenten der OT:

(6)

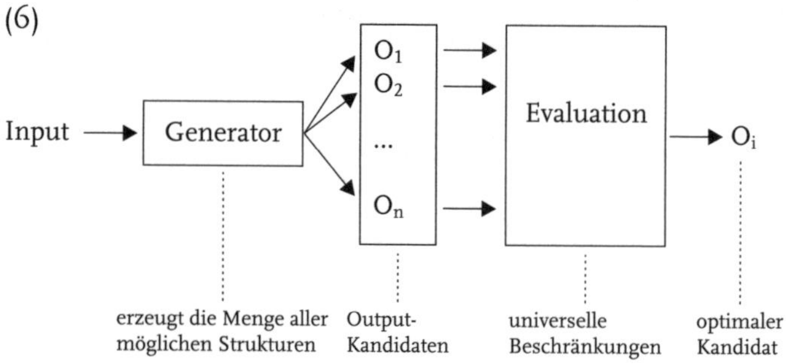


Die Beziehung zwischen Input und Output kann durch zwei Arten von Beschränkungen charakterisiert sein: *Treuebeschränkungen* (*faithfulness constraint*) und *Markiertheitsbeschränkungen* (*markedness constraints*). Beide Beschränkungsarten stehen in einem gegensätzlichen Verhältnis. Während Treuebeschränkungen die Identität zwischen Input und Output fordern, lassen Markiertheitsbeschränkungen Abweichungen des Outputs vom Input zu.

*faithfulness constraints*

*markedness constraint*

**Merksatz**

Die Optimalitätstheorie formuliert Regelordnungen, so dass Verstöße gegen niedriger geordnete Regeln zu Gunsten der Befolgung höher geordneter Regeln erlaubt ist. Im Wettbewerb gewinnt der optimale Kandidat.

**Literatur**

Grimshaw, Jane (1997): Projection, heads and optimality. In: *Linguistic Inquiry 28*, 373–422.

Jacobs, Joachim (2002): Warum wir zusammenschreiben nicht immer zusammenschreiben – Präferenzen im Schriftsystem. In: Restle, David (Hg.): *Sounds and Systems*. Berlin/New York: Walter de Gruyter, 367–390.

Müller, Gereon (2000): *Elemente der optimalitätstheoretischen Syntax*. Tübingen: Stauffenburg.

Prince, Alan/Smolensky, Paul (1993): *Optimality Theory. Constraint Interaction in Generative Grammar*. MS. Rutgers University (= Cambridge, Mass.: MIT Press)

# Das Minimalistische Programm 10

- konzeptuelle Notwendigkeit
- Schnittstellen: phonetische Form und logische Form
- Operationen: SELECT, MOVE, MERGE
- Merkmalsüberprüfung

## Grundlegende Konzepte 10.1

Das Minimalistische Programm ist die aktuelle Variante im Rahmen der generativen Grammatiktheorie. Sie stellt eine Konzeption dar, die leitende Fragestellungen der Rektions- und Bindungstheorie unter der Perspektive weiterverfolgt, die das Begriffsinventar, welches zur grammatischen Beschreibung und Erklärung erforderlich ist, auf das konzeptuell Notwendige (virtual conceptual necessity) reduziert. Zu fragen ist dabei zunächst, wie der Begriff der *konzeptuellen Notwendigkeit* inhaltlich gefüllt werden kann und in welchem Sinne theoretische Begriffe und Konzepte konzeptuell notwendig sein können. Bezieht man die elementaren Fragestellungen der generativen Grammatik mit ein, so stellt sich Platos Problem in der folgenden Frage: *Warum wissen wir so viel, obwohl wir so wenig Evidenz dafür haben?*

*virtual conceptual necessity*

*Platos Problem*

In der Rektions- und Bindungstheorie wurde versucht, diese Frage unter Bezug auf angeborene Prinzipien einer Antwort näher zu bringen. Nun zeigt aber die Variation, die die Sprachen der Welt aufweisen, dass nicht das gesamte sprachliche Wissen angeboren sein kann, was zu der Annahme führt, dass diese Prinzipien in gewisser Weise offen und unspezifiziert sind. Erst durch das Hinzutreten von linguistischen Daten können die offenen Stellen gefüllt werden. Diese offenen Stellen nennt man Parameter, und die Antwort auf Platos Problem bestand in der Prinzipien- und Parameter-Theorie. Gemäß dieser Theorie verfügen Menschen über einen angeborenen Mechanismus zum Erwerb der Sprache, der genetisch verankert und bei allen Menschen im Wesentlichen gleich strukturiert ist. Diesen Mechanismus können wir als Universalgrammatik (UG) bezeichnen. UG besteht aus bestimmten Prinzipien, die mittels Parametersetzung genauer spezifiziert werden, so dass auch die zu beobachtende Variation zwischen den Sprachen prinzipiell erklärbar ist. Die

*Parameter*

Parameter müssen so beschaffen sein, dass Kinder in der Phase des Spracherwerbs aus den linguistischen Daten, die ihre sprachliche Umgebung zur Verfügung stellt, erkennen können, wie die Parameter zu setzen sind, um das grammatische System ihrer Muttersprache zu erwerben. Kinder in der Phase des Spracherwerbs haben daher die „Aufgabe“ aus den primären linguistischen Daten (PLD), die ihnen ihre sprachliche Umgebung bietet, die Parameter der angeborenen Universalgrammatik (UG) so zu setzen, dass als Ergebnis dieser Parametersetzung die Grammatik ihrer Muttersprache $G_L$ resultiert:

*primäre linguistische Daten*

*Universalgrammatik*

(1) PLD $\longrightarrow$ UG $\longrightarrow$ $G_L$

Wir haben bereits gesehen, dass die Rektions- und Bindungstheorie, eine Variante der Prinzipien- und Parameter-Theorie, verschiedene Ebenen der syntaktischen Strukturbildung unterscheidet, und wir wiederholen hier zu Anschauungszwecken dieses Modell noch einmal:

*Prinzipien- und Parameter-Theorie*

(2)

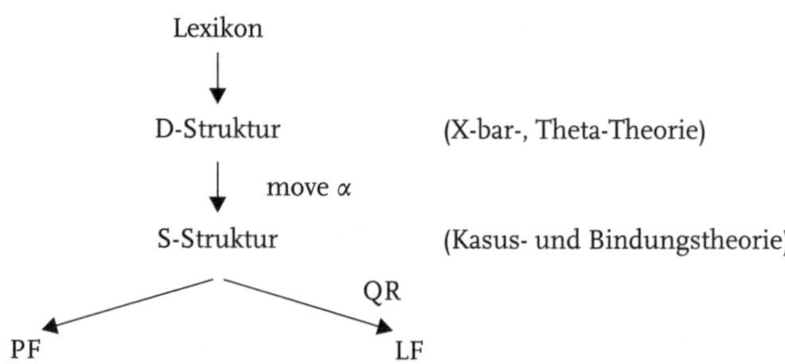


Aus dem Lexikon werden Wörter entnommen, die zu einer grammatisch wohlgeformten Wortkette, einem Satz, zusammenzufügen sind. Wie das Diagramm zeigt, sind die Satzstrukturen auf verschiedenen syntaktischen Ebenen repräsentiert. Es sind jedoch nur die zwei Ebenen PF und LF konzeptuell notwendig, da nur diese beiden Ebenen Schnittstellen zu außersprachlichen Systemen des Kognitionssystems darstellen. Die Ebenen der D-Struktur und der S-Struktur hingegen sind grammatikinterne Ebenen, die nicht notwendigerweise angenommen werden müssen. Wenn sich zeigen lässt, dass die ebenenspezifischen Strukturprinzipien und Beschränkungen, die bisher für D-Struktur und S-Struktur zu gelten schienen, auch so formuliert werden können, dass Sie auf einer der beiden Ebenen PF oder LF gelten können, so fallen D-Struktur und S-Struktur dem Prinzip der konzeptuellen Notwendigkeit zum Opfer und können aus der Theorie entfernt werden. Genau diese Überlegungen und die Umformulierung der auf D-Struktur und S-Struktur geltenden Prinzipien führen zu einem Modell von der Grammatik, welches nur noch die beiden Schnittstellen PF und LF kennt. Damit hat das Sprachsystem die Aufgabe, grammatische Repräsentationen zu erzeugen, die von den artikulatorisch-perzeptuellen Systemen (A-P) einerseits, und den konzeptuell-intentionalen Systemen (C-I) andererseits interpretiert werden können. Die Ebenen PF und LF werden dabei als Schnittstellen aufgefasst, an denen die Information, die das Sprachsystem liefert, an die Informationsstrukturen angepasst wird, mit denen die Systeme A-P bzw. C-I arbeiten. Das Sprachsystem wird dabei als ein Berechnungssystem (*computational system of human language* $C_{HL}$) aufgefasst, welches PF- und LF-Repräsentationen erzeugt:

*artikulatorisch-perzeptuelle Systeme (A-P)*

*konzeptuell-intentionale Systeme (C-I)*

(3)

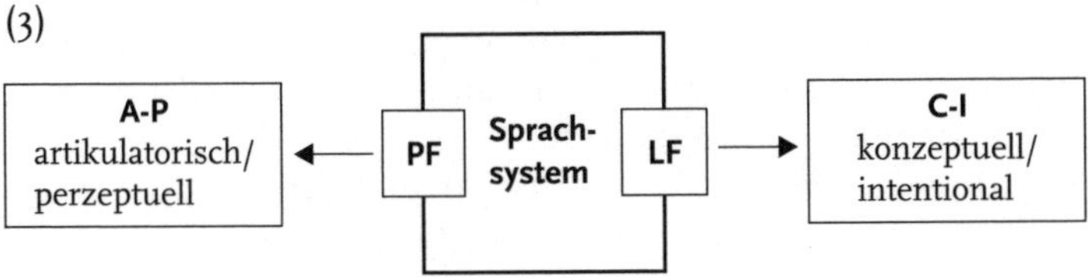


In der modernen Informationstheorie spricht man von Schnittstellen (Interface) und Schnittstellen-Bedingungen zwischen den interagierenden Teilkomponenten komplexer Systeme. Dabei muss dasjenige System, welches Information an ein anderes System übermittelt, diese Information so aufbereiten, dass das empfangende System diese Information weiterverarbeiten kann. Das minimalistische Programm verwendet genau diese Metapher von interagierenden Systemen, um das Zusammenspiel des Sprachsystems mit den Systemen für Lautrezeption und -produktion auf der einen Seite und dem System der konzeptuellen Interpretation auf der anderen Seite zu explizieren. In diesem Modell werden die Beschränkungen, denen die sprachliche Strukturbildung unterliegt, also von den Bedingungen (bare output conditions) der externen Performanzsysteme diktiert, denn die Interpretierbarkeit an den Schnittstellen legt fest, ob eine sprachliche Struktur wohlgeformt ist oder nicht. Unter dieser Perspektive sind die Bedingungen, die die Strukturbildung festlegen, durch konzeptuell notwendige Beschränkungen formuliert.

*Schnittstellen-Bedingungen*

*bare output conditions*

## 10.2 Das Grammatikmodell

Da im Grammatikmodell des minimalistischen Programms die Ebenen der D-Struktur und der S-Struktur nicht mehr vorhanden sind, muss mit anderen Verfahren und Operationen sichergestellt werden, dass Phrasen und Sätzen ihre empirisch ermittelten Struktureigenschaften theoretisch zugewiesen werden können. Dies geschieht im Minimalistischen Programm wie folgt: Aus dem Lexikon werden diejenigen Elemente ausgewählt, die in dem zu generierenden Satz auftreten, und in ein lexikalisches Feld *SELECT* (Array) (Numeration) eingesetzt. Eine Operation SELECT greift auf das lexikalische Array zu und wählt die Elemente aus, die in die bereits bestehenden Strukturkomplexe integriert werden sol- *MERGE* len. Die Operation MERGE führt diesen Prozess durch, während *MOVE* die Operation MOVE Konstituenten an anderen Positionen in die Struktur einbindet. Die Anwendung dieser Operationen geschieht nach verschiedenen Ökonomieprinzipien mit dem Ziel, Repräsentationen zu erstellen, die an den Schnittstellen PF und LF interpretiert werden können.

Die folgende Grafik fasst die Architektur der Grammatik nach dem Minimalistischen Programm zusammen:

(4)

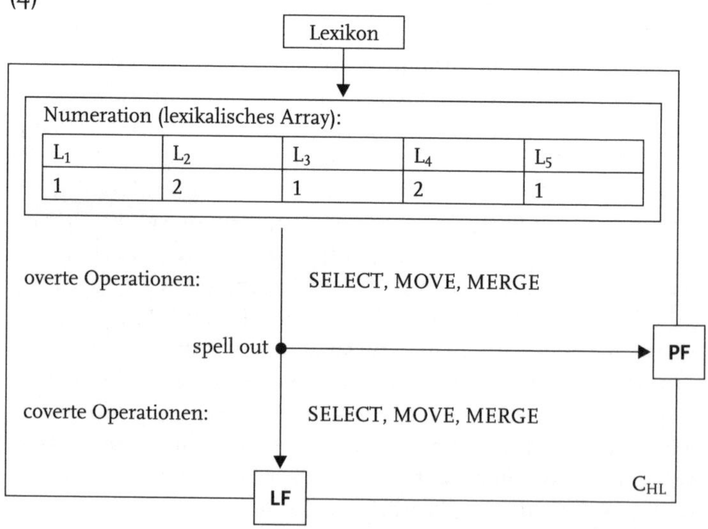


Die Organisation der Grammatik gestaltet sich nun wie folgt: Nachdem mit der Numeration festgelegt ist, welche lexikalischen

Einheiten in dem zu derivierenden Satz auftreten, werden die Operationen SELECT, MOVE und MERGE unter Berücksichtigung von Ökonomie-Prinzipien angewendet. Alle Operationen können vor oder nach spell-out stattfinden. MERGE verbindet zwei Objekte zu einem Gesamtobjekt. Am Punkt spell-out splittet sich die Information, die mit den lexikalischen Einheiten geliefert wird. Da lexikalische Einheiten Tritupel ⟨pf, syn, sf⟩ aus einer phonologischen Komponente (*pf*: phonologische Merkmale), einer syntaktischen Komponente (*syn*: syntaktische Merkmale) und einer logisch-semantischen Komponente (*sf*: semantische Merkmale) sind, werden in spell-out die phonologischen Merkmale abgestreift und an die Schnittstelle PF gesendet. Syntaktische Merkmale können stark oder schwach sein. Da keine starken Merkmale nach PF gelangen dürfen, müssen diese zuvor aufgelöst werden. Dies geschieht durch Merkmals-Überprüfung mittels der Operation MOVE, die Konstituenten in die Checking-Domäne starker Merkmale versetzt, wodurch diese verschwinden. In der syntaktischen Struktur dürfen nach spell-out keine starken Merkmale mehr enthalten sein.

*spell-out*

Die semantischen Merkmale werden nach LF weitergereicht. Die schwachen syntaktischen Merkmale werden auf dem Weg von spell-out nach LF geprüft, so dass auf LF alle Bewegungen (overte und coverte) stattgefunden haben. Damit sind alle Sprachen auf LF gleich, während die hörbare Variation zwischen den Sprachen vom Auftreten starker Merkmale abhängt. Da nur starke Merkmale vor spell out überprüft werden, lassen sich nur in diesen Fällen hörbare Reflexe wahrnehmen.

*overte und coverte*

**Merksatz**

Im Minimalistischen Programm ist die Grammatik ein Berechnungssystem, das optimale Repräsentationen sprachlicher Objekte an die Schnittstellen der artikulatorisch-perzeptiven und der konzeptuell-intentionalen Systeme sendet. Alle theoretischen und derivationellen Objekte sind konzeptuell notwendig.

**Literatur**

Abraham, Werner/Epstein, Samuel/Thráinson, Höskuldur/Zwart, Jan-Wouter (1996): *Minimal Ideas – Syntactic studies in the minimalist framework*. Amsterdam/Philadelphia: Benjamins.

Chomsky, Noam (1981): *Lectures on Government and Binding*. Dordrecht: Foris Publications.

Chomsky, Noam (1995): *The Minimalist Program*. Cambridge, Mass.: MIT-Press.
Chomsky, Noam (2005): *On Phases*. Manuskript: MIT.
Epstein, Samuel/Hornstein, Norbert (1999): *Working Minimalism*. Cambridge, Mass.: MIT-Press.
Grewendorf, Günther (2002): *Minimalistische Syntax*. Tübingen: Francke (UTB).
Grohmann, Kleanthes (2003): *Prolific Domains. On the Anti-Locality of Movement Dependencies*. Amsterdam/Philadelphia: Benjamins.
Hornstein, Norbert/Nunez, Jairo/Grohmann, Kleanthes (2005): *Understanding Minimalism*. Cambridge: Cambridge University Press.

# Sachregister

## R



## S



## T

## U



## V



## W



## X



## Z

# Personenregister